RECUEIL
DES
CHANSONS
DU SAVOYARD

RÉIMPRESSION TEXTUELLE FAITE SUR L'ÉDITION DE 1665,
ET AUGMENTÉE D'UN AVANT-PROPOS

PAR M. A. PERCHERON

PARIS
CHEZ JULES GAY, ÉDITEUR
QUAI DES AUGUSTINS, 25
1862

RECVEIL
DES CHANSONS
DV SAVOYARD

*Tiré à cent exemplaires numérotés,
plus deux sur peau vélin.*

N°

PARIS. — IMP. SIMON RAÇON ET COMP., RUE D'ERFURTH, 1.

RECVEIL
DES
CHANSONS
DV SAVOYARD

RÉIMPRESSION TEXTUELLE FAITE SUR L'ÉDITION DE 1665,
ET AUGMENTÉE D'UN AVANT-PROPOS

PAR M. A. PERCHERON

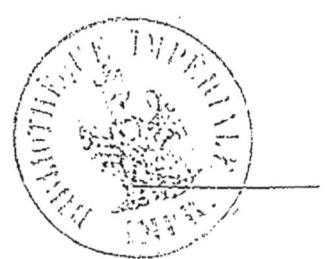

PARIS
CHEZ JULES GAY, ÉDITEUR
QUAI DES AUGUSTINS, 25

1862

AVANT-PROPOS

Les *Chansons du Savoyard* que nous reproduisons aujourd'hui ont dû avoir de nombreuses éditions partielles, en petits cahiers, comme toutes celles destinées à être vendues dans les rues, et ensuite être réunies en recueils plus considérables ; nous avons une indication vague d'une publication de 1640, mais on a la date certaine des quatre suivantes :

1° *Recueil général des chansons du capitaine Savoyard*, par lui seul chantées dans Paris. Paris, Jean Promé, 1645, in-12, sans mention du format ni du nombre de pages.

2° *Recueil nouveau des chansons du Savoyard*, par lui seul chantées dans Paris. Paris, chez la veufve Jean Promé, demeurant rue de la Bouclerie, au bout du pont Saint-Michel; 1656, in-12 de 132 pages y compris la table.

3° Réimpression, etc., chez la même; 1661, petit in-12 de 128 pages et deux feuillets de table.

4° Réimpression, etc., chez la même; 1665, petit in-8° de 139 pages et la table.

C'est cette dernière édition, la seule que nous ayons pu voir, et qui fait partie de la bibliothèque de l'Arsenal (B, 8811), dont nous donnons une réimpression.

Nous sommes tenté de croire que ce n° 4 fait, avec les n°s 2 et 3, une *suite* et non une simple réimpression augmentée, du n° 1, et qu'on trouverait d'autres pièces dans le n° 1 si on le rencontrait; ce qui nous le fait croire, c'est qu'on retrouve, en quelques endroits, des fragments qui manquent dans le dernier recueil, qui devrait être, s'il était une édition augmentée, le plus complet de tous.

Quel était le chansonnier connu sous le nom du *Savoyard*? Quand est-il né? Quand a-t-il vécu? Quand est-il mort? Les réponses à ces ques-

AVANT-PROPOS.

tions resteront toujours en partie dans le vague.

Son père avait été comme lui chanteur des rues; on sait de lui-même qu'il s'appelait *Philipot*, qu'on le surnommait le *Savoyard* ou le *capitaine Savoyard*; peut-être était-il originaire de Savoie, et qu'il était aveugle par suite de son ivrognerie; il l'avoue franchement.

L'époque de sa naissance est inconnue; mais s'il est l'auteur de la chanson de la *Prise de Graveline*, arrivée en 1644, pour être déjà aveugle par suite de son intempérance, il devait avoir au moins de quarante à cinquante ans, ce qui fait remonter sa naissance au commencement du siècle ou à la fin du précédent, de 1595 à 1600.

Il était vivant en 1653 puisqu'il rencontre Dassoucy sur la Saône et fait connaissance avec lui (1).

---

(1) Voici ce que dit d'Assoucy de cette rencontre :

« .... Je fis apporter mon théorbe, sur lequel ayant fait dire à mes pages de musique plusieurs chansons touchantes et passionnées, j'attiray un auditeur qui fera bien voir le progrès que j'ay faict dans l'empire des Muses, puisque celuy qui attiroit plus de bestes en un jour qu'Orphée n'en eust attiré en dix ans, me reconnut pour son Apollon et pour son maistre. Celuy-cy estoit un homme qui avoit beaucoup de sujet de se plaindre de la nature, qui ne lui avoit pas accordé, comme au reste des animaux, la faculté de discerner les objets, puisque, faute d'une paire d'yeux, il

VIII   AVANT-PROPOS.

Boileau a annoté lui-même quelques éditions de ses ouvrages; après avoir nommé le *Savoyard* dans sa satire IX, il met en note, édition de 1701, « fameux chantre du Pont-Neuf dont on chante *encore* les chansons. » Nous ferons remarquer le mot *encore* pour montrer que le Savoyard devait être mort depuis longtemps; si l'on se reporte

estoit contraint d'en prendre à louage du tiers et du quart, et se laisser conduire comme la plupart des grands, qui ne voyent le plus souvent que par les yeux d'autruy. Mais, en récompense, il n'avoit rien à reprocher à cette bonne mère touchant la disposition de ses oreilles, dont il avoit, de chaque costé des mandibules, pour le moins un bon quartier; mais si belles et si vermeilles que, bien que son nez ne fust pas moins haut en couleur, on avoit de la peine à juger qui emportoit le prix, ou la pourpre de son nez ou le cinabre de ses oreilles... »

Dassoucy, surpris de se voir aborder par cet aveugle qui le comble de louanges, lui demande qui il est. « Je suis, dit-il, de la race des Amphions et des descendants d'Homère, et j'ose dire que j'ay encore quelque avantage sur ce divin personnage : car, bien qu'il fust aveugle comme je suis, et qu'il chantast ses vers publiquement par les portes comme je chante les miens, il n'avoit que la jambe velue, et moi je suis velu comme un ours par tout le corps. Tel que vous me voyez, monsieur, apprenez que je suis un enfant des Muses des plus célèbres et des plus chéris, poëte et chantre fameux; mais un chantre doué d'un organe si puissant et d'une voix si éclatante et si forte que, pourveu que j'aye pris seulement deux doigts d'eau-de-vie, si je chantois sur le quai des Augustins, le roy m'entendroit des fenestres de son Louvre. Cela dit, sans attendre d'estre prié, il tira de sa

AVANT-PROPOS.   IX

seulement de trente années en arrière, il aurait dû être mort vers 1670.

Ce nouvel Orphée, comme il s'appelle lui-même, se tenait habituellement sur le pont Neuf, où il arrêtait les passants par sa voix de Stentor et les lazzis dont il accompagnait son chant, semblable en cela au chantre de Thrace qui avait aussi le

poche un petit livre couvert de papier bleu, et, l'ayant donné à un jeune garçon qui luy servoit de guide, ils unirent tous deux leurs voix, et, tous deux, le chapeau sur l'oreille, ils chantèrent ces agréables chansons :

> Hélas! mon amy doux, etc.

et cette autre, que chantoit autrefois Gautier Garguille :

> Baisez-moy, Julienne;
> Jean Julien, je ne puis.

« Après celle-cy, il en chanta une de sa façon toute nouvellement fabriquée, dont le titre estoit celuy-cy : *Chanson pitoyable et récréative sur la mort d'un cordonnier qui se coupa la gorge avec son tranchet, pour se venger de l'infidélité de sa femme.* »

Cette chanson plut infiniment à Dassoucy, qui continua d'interroger le Savoyard. « Je m'appelle, dit-il, Philippot, à vostre service, autrement *le Savoyard*, et, si vous passez jamais sur le Pont-Neuf, c'est sur les degrés de ce pont que vous verrez mon Parnasse; le cheval de bronze est mon Pégase, et la Samaritaine la fontaine de mon Hélicon... »

Après ces paroles, il donna à Dassoucy un de ses livres de chansons. Dassoucy, pour ne pas être en reste de politesse avec lui, lui offrit un écu qu'il accepta aussitôt avec grande joie et reconnaissance. Ils se séparèrent peu de temps après. (*Aventures de Dassoucy*, Paris, Delahays, 1858, in-12.)

talent d'attirer les bêtes; mais il ne restait pas toujours au même endroit, il parcourait les rues de la ville et même la province. Comme son infirmité nécessitait un guide, tantôt on le voit avec un invalide, tantôt avec une femme, tantôt avec de jeunes garçons qu'il fait chanter avec lui. On ne dit pas s'il s'accompagnait de quelque instrument; pourtant cela est probable, puisqu'on dit qu'il composait lui-même les airs de ses chansons. Voilà à peu près tout ce qu'on sait de sa personne.

Quant à sa valeur littéraire, Boileau l'a tiré de l'oubli en le citant, mais ce n'est pas en le donnant pour modèle, c'est au contraire en se menaçant lui-même, en s'adressant à sa muse, d'être relégué à l'écart avec lui :

> Le bel honneur pour vous, en voyant vos ouvrages
> Occuper les loisirs des laquais et des pages,
> Et souvent dans un coin renvoyés à l'écart,
> Servir de second tome aux airs du Savoyard.

Cependant les chansons du Savoyard, malgré beaucoup d'incorrections, ne manquent pas de nombre et de ce gros sel qui devait plaire à ses auditeurs habituels; quoique souvent fort hasardé dans ses mots, il est moins *cru* que bien des poëtes peu antérieurs; du reste, avec les airs, l'habileté à les chanter, et surtout à les mimer, ces refrains devaient avoir beaucoup d'entrain.

Ici s'élève une question : les pièces de ce recueil sont-elles bien du chanteur dont elles portent le nom? Pour le plus grand nombre, c'est probable; mais pour certaines nous avons quelques doutes; d'abord nous savons qu'il chantait souvent les chansons des autres; ensuite notre mémoire semble retrouver là des pièces venant de recueils bien antérieurs; pour faire ce travail d'élimination avec soin, il faudrait beaucoup de recherches; nous nous contentons, pour le moment, de faire nos réserves.

Plusieurs auteurs se sont occupés du Savoyard. De la Borde, dans son *Histoire de la Musique ancienne et moderne*, donne deux de ses chansons (tome IV, pages 383-84); ce sont :

« Je suis jaloux de ma Philis, » page 9 de la réimpression.

« Vous êtes trop belle, » page 4, id.; mais il ne donne pas le dernier couplet.

Les *Annales poétiques*, tome XXXV, ont reproduit ces deux chansons.

La *Bibliothèque facétieuse* des frères Gébéodé, deuxième publication, pages 11-13, 1854, donne la chanson : « Je ne sais que je dois faire, » etc., page 14 de la réimpression, mais en cinq couplets, tandis qu'il y en a sept, encore le second est-il tronqué.

On trouve dans la *Carybarie* (1646, réimpression), les pièces suivantes :

« A present je vous confesse, » page 170.

« Ne veux-tu pas t'arrester, » page 171.

« Censureurs des modes nouvelles, » page 29.

« Houspillons de modes, » page 11.

« Marc Antoine, roi des..., » page 174.

Dans les *Orgies de Bacchus*, nous voyons :

« Amis, le palais, » page 122; réimpression, page 15.

« Cher ami, c'est assez chanté, » page 126; réimp., page 17.

« Faut-il que sans cesse on crie, » page 125; réimp., page 19.

« Je n'escoute pas ces frivoles, » page 124; réimp., page 16.

« Marc Antoine, roi des..., » page 121; réimp., page 108.

Cette dernière chanson se trouve à la table, et

non dans le corps de l'ouvrage; mais nous devons dire que l'exemplaire que nous avons eu sous les yeux paraît formé de la réunion de deux parties d'éditions différentes.

Les *Orgies de Bacchus*, portant la mention: *avec celles* (chansons) *du Savoyard;* il y en a probablement un assez grand nombre de lui, mais qui ne sont pas distinctes de celles qui viennent d'une autre source.

Ce dernier recueil, qui est sans date, a pu paraître de 1644 à 1654; reste à savoir si les pièces ont été prises dans les recueils du Savoyard ou si les éditeurs du Savoyard les ont prises dans ce recueil et dans la *Carybaric*.

Voici quelques pièces du Savoyard qui ne sont pas dans le recueil que nous reproduisons :

« Chanson pitoyable et récréative sur la mort d'un cordonnier qui se coupa la gorge avec un tranchet pour se venger de l'infidélité de sa femme, » pièce seulement citée par d'Assoucy.

Dans la *Bibliothèque facétieuse*, citée plus haut, on trouve le couplet suivant, qui a dû faire partie d'une chanson :

>   Jeanneton jette de sa fontaine
>   Plus gros que la Samaritaine

Ne fait de son gros conduit ;
L'on entend siffler son affaire
Comme un serpent qui fait du bruit
Quand on le met tant en colère.

Nous recommandons aux amateurs de chansons la recherche de ces deux pièces.

Enfin voilà une chanson qui se trouve à la suite d'une mazarinade intitulée : *Lettre de Belle-Rose à l'abbé de la Rivière sur la misère des Comédiens*. Paris, Claude Bourdeville, 1649.

Je m'estonnois entre autre chose
Comment vivoit la belle Roze
Depuis l'exil de Mazarin,
Mais je me suis tiré de peine
Ne gaignant plus rien sur la Seine
Elle trafique sur le Rhin.

Encor est-ce un bonheur pour elle
Qu'à cinquante ans elle soit belle,
Cela lui fait passer chemin ;
Car je tiens de chose certaine
Ne gaignant plus rien sur la Seine
Qu'elle trafique sur le Rhin.

Sans travail à son menage,
Son mari qu'un Y grec ombrage
Serait mort à faute de pain ;
Dès la première sepmaine

Que rien ne luy vint de la Seine
Elle trafiqua sur le Rhin.

Ce recueil n'a presque pas besoin de notes, parce qu'il ne contient pas de pièces historiques. La prise de Graveline par Gaston d'Orléans, page 94, est de 1644. Pour les chansons des pages 21, 22, 25, sur les enfarinés, voir la *Carybarie*. La chanson, page 45, sur le duc d'Anguin, s'explique d'elle-même.

A. PERCHERON.

ERRATA

Page 7, stance 4, premier vers, au lieu de : *ce monstre,* lisez : *ce monsieur.*

Page 27, premier vers de la chanson l'*Espagnolette royale,* lisez : *La Riuoire* (nom propre).

Page 56, premier vers de la chanson *Responce à la mesme,* au lieu de : *Ie suis,* lisez : *Ie fuis.*

RECVEIL

NOVVEAV

DES

CHANSONS

DV

SAVOYARD

PAR LVY SEVL CHANTÉES DANS PARIS

A PARIS
CHEZ LA VEFVE JEAN PROMÉ
DEMEVRANT RVE DE LA BOVCLERIE
Au bout du pont Sainct-Michel.

M DC LXV

PARIS. — IMP. SIMON RAÇON ET COMP., RUE D'ERFURTH, 1.

RECVEIL GÉNÉRAL
DES CHANSONS
DV SAVOYARD

CHANSON BOVFONNE.

Croyez vous Galand malheureux.
Par des yeux languissans, des respects et des vœux.
Tesmoigner l'ardeur de vos feux ?
Par ma farine,
Ie suis aymé de ma belle voisine.
Pour vn peu de lard,
Ie mets son pucelage en hazard.

Philis qu'vn pucelage est peu fin,
Qui croit vous cajoler quand vous mourez de faim.
Et quand vous n'auez point de pain
Chere maistresse,
Ie vous apporte vn gros pain de Gonesse,
Mais pour l'auoir,
Donnez-moy seulement vn peu d'espoir.

Chassez le caquet affamé,
Qui croit par vn sonnet, ou par vn bout rhimé.
Se rendre digne d'estre aymé.
Dans la famine,

I'ay de bons pois, du lard, de la farine,
   Pour tout auoir,
Ie ne demande qu'vn peu d'espoir.

  Adieu les bijoux du palais,
Les chansons, les romans, les beaux mots des poulets
  Adieu les dance et les balets.
     Pour estre aimable,
Il ne faut plus que tenir bonne table :
     Vn vray galand
Ne se doit point trouuer sans pain chalant.

AIR DE COVR NOVVEAV.

   Vous estes trop belle
   Pour estre cruelle,
   A ie meurs d'amour
   Ma belle inhumaine.
   Soulagez ma peine,
   Soulagez ma peine,
   Ou ie perds le iour.

   Pourquoy se deffendre
   Et ne rien comprendre
   A tant de souspirs,
   Aux asmes discrettes
   Sont les interpretes,
   Sont les interpretes,
   De tous nos desirs.

   Ie ne sçaurois dire,
   Pourquoy ie souspire.
   Mes maux sont adroits
   Ma flame est secrette,

Ma langue est muette
Ma langue est muette
Mes yeux sont discrets.

O rare merueille
Beauté sans pareille
Ton empire est doux
Si ie suis à plaindre,
C'est qu'il me faut feindre,
C'est qu'il me faut feindre.
Pour mieux estre à vous.

La plus belle chose
Que nommer ie n'ose
Est sous vostre main,
Permettez de grace,
Que i'y prenne place
Que i'y prenne place
Iusques à demain.

Troupe symphonique
Chantons vn cantique
A ce beau retour,
Quittons donc la guerre,
Armons nous d'vn grand verre
Armons nous d'vn grand verre
Au lieu d'vn tambour.

AIR DE COVR

SVR LES BOVTS RHIMEZ

Belles et chastes muses,
Sibiles de la cour,

Vous auez à ce iour
Les sciences infuses,
Depuis que vous goustez
   Des bouts, des bouts
   Des bouts, des bouts
Depuis que vous goustez,
Des bouts, des bouts rhimez.

Est-il donc vray Climene,
Que le sieur Appollon.
Fait couler tout de bon
Chez vous l'eau de Cyprine.
L'on dit que vous goustez
   Des bouts, des bouts, etc.

Entre les plus capables
Philis fait des leçons
Et dit que les plus longs
Sont les plus agreables,
Et prend de tous costez
   Des bouts, des bouts, etc.

Vostre vsage est extreme,
Pour vn plaisir si doux.
Quand vous manquez de bouts,
Vous en forgez vous-mesme :
Philis vous rougissez,
I'entends des bouts, des bouts, etc.

Debiteurs de nouuelles,
De chansons et sonnets :
Vous n'auez plus d'accez
Aux plus chastes et cruelles,
Si vous n'y apportez
   Des bouts, des bouts, etc.

AIR NOVVEAV.

Catin laissa choir un iour
Vne iartiere en dance,
Vn monsieur en diligence
La ramassa par amour :
Monsieur vous perdez vos pas,
Dit cette belle en colere,
Vous auez ma iarretiere,
Mais vous n'aurez pas le bas.

Ce monsieur pensant duper
La bonté de cette belle,
La suiuit iusques chez elle,
A dessein de l'attraper.
Monsieur vous perdez vos pas, etc.

Le monsieur luy presenta
Vne bource de pistoles,
Mais elle haussa les espaules,
Et tousiours les rebuta :
Monsieur vous perdez, etc.

Ce monstre la fut surpris.
De voir qu'vne villageoise
Quittoit ce qu'vne bourgeoise,
Auroit tout aussi tost pris
Monsieur v us perdez vos pas, etc.

Ce monsieur fit ses efforts
Pour baiser cette pucelle
Mais à grands coups d'escabelle,
Catin le chassa dehors :

Monsieur vous perdez vos pas,
Dit cette belle en colere, etc.

CHANSON GAILLARDE.

A present ie vous confesse,
Que tout est plein de cocus,
Que chacun bransle les fesses
Et qu'vn chacun iouë du cul,
Chacun fait cy, chacun fait ça,
Et tout le monde fait cela :
Tout le monde iouë, et tout le monde baise,
Tout le monde met cul bas.

Les maris ont leur maistresse,
Les femmes ont leur galand,
Les maris baisent sans cesse
Les femmes incessamment :
Chacun fait cy, etc.

La damoiselle suiuante,
Est pour le maistre d'hostel,
Le laquay voit la seruante,
Ou il s'en va au bordel,
Chacun fait cy, etc.

Vn clerc a bien l'impudence
Quand son maistre est au palais
De baiser en son absence
Sa maistresse s'il luy plaist :
Chacun fait cy, chacun fait ça,
Et tout le monde, etc.

Tous les courtaux de boutiques

En font tous leurs sobriquets,
Et en sont mélancoliques,
Pour n'estre dans les coquets,
Chacun fait cy, chacun fait ça, etc.

AIR DE COVR NOVVEAV.

Je suis ialoux ma Philis
Ie le chante et ie le dis,
Mon ame est fort inquiette
Ie le fais cognoistre à tous.
Ah! si vous estes coquette,
Puis-ie pas estre ialoux?

Ie suis de mauuaise humeur,
I'ay grimasse à faire peur,
Il est vray, mais si vous faites
A cent galands les yeux doux,
Ie ne vous puis voir coquette
Sans vous parestre ialoux.

I'ay de la fidelité,
Autant que vous de beauté,
Apprenez d'estre discrette,
Cachez mieux vos rendez-vous,
Tant que vous serez coquette,
Ie seray tousiours ialoux.

Philis, mettons-nous d'accord,
Vous auez le premier tort,
Aymez d'vne amour parfaite,
Et pour mieux viure entre nous,
Ne soyez iamais coquette.
Ie ne seray plus ialoux.

1.

REMONSTRANCES

AVX DAMES DE NOVVELLE IMPRESSION.

Tous les maux compere supplice,
Que l'on voit en ce siecle icy,
Prouiennent du peu de soucy :
Qu'on a de regler la police
Et les grandes confusions
Qui sont dans les conditions.

Vois-tu pas comme ces bourgeoises
Disputent pour le pas deuant,
Dont le cœur tout remply de vent,
Leur cause à toute heure des noises
Il faudroit bien des parlemens,
Pour leur faire des reglemens.

Badaules, pitez, singesses,
Qui voulez imiter les grands.
Et qui voulez prendre des gants ;
Comme l'on en donne aux princesses.
Le fouët, le fouët, sottes guenons,
Qui voulez deguiser vos noms.

Souper de iour c'est chose vile.
Et n'est pas de condition;
De viure sans affection,
C'est pour les niaises de la ville;
Les gens reglez sont parmy vous.
Reputez des sots ou des fous.

Si qualitez de damoiselles,
Par noblesse vous peut venir,

Qui sçauez bien vous y tenir,
Sans vous eschapper ainsi d'elle,
Et vous croistre il est superflus,
Car damoiselle est vostre plus.

Baste toutesfois qu'on vous dame,
Puis que chacune a son pion,
Mais s'il n'est pas bon champion,
Il n'a qu'a chercher autre dame,
Car qui ne vous dame souuent
A vostre esgard est peu sçauant.

Vous faites les Reines Gilettes
Et vous tranchez Dieu sçait comment
Des grand' dames de parlement,
Vous qui n'estes que des muguettes
Pour peu qu'on vous regarde au nez
L'on voit le lieu d'où vous venez.

Songez bien nouuelles coquette
Au petit morceau de velours
Que vous portiez y a trois iours
Dessus vos testes giroüettes?
Mille gens se sont estonnez,
De le revoir sur vostre nez.

De plus il vous faut le carosse,
Pour quinze ou seize mille escus,
Qu'on apporte aux pauures cocus.
Que n'est-il quelqu'vn qui vous rosse.
Allez à pied beaux nez friquets,
Vos peres y vont en laquais.

Que de ieusnes non commandez,
L'on voit chez vous de tous costez,
Le cocher faire grise mine,
Et tout un chacun vous rechine.

Les valets de vostre maison,
Sont plus secs que n'est vn tison.

Si par hazard cecy vous touche.
Discretes, ce n'est pas pour vous,
Ny pour vn esprit humble et doux.
Qui se sent morueuse se mouche,
C'est pour celle de qui l'ardeur
Se consomme apres la grandeur.

CHANSON NOVVELLE.

Vous me quittez adorable inconstante.
Pour vn obiet qui vous semble si doux.
  Et si ie tente,
   Sçachant vos coups
De descouurir où sont vos rendez-vous.
  Qu'en direz-vous?

Vous me croyez d'vne humeur indiscrette.
Il vous semble que i'ay le cœur bien mou;
  Si ie caquette
   Dans mon courroux,
Et si ie fais le deuoir d'vn ialoux,
  Qu'en direz-vous?

Puisqu'a la fin ie voy que vostre change,
Met nos amours tout sans dessus dessous,
  Si ie me vange,
   Disant à tous
Ce qui iadis fut secret entre nous.
  Qu'en direz-vous?

CHANSON PLAISANTE ET RECREATIVE

DE PIERRE ET DE PERRONNELLE.

Quand i'ay ma musette
Sous vn ormeau aupres de Guillemette
Ie fre 'onne mille chansons
Dessus de fort iolis tons
Ie dis des ouy-da, qu'en dira-t-on ?
Des lanleres, des bons pas de Breton,
Au son de ma musette, ie danse,
En cadanse,
Ie fais des muguets
Des triolets,
Et quelques pas de balets,
Ie ris comme vn fou,
Ie bois comme vn trou
Et si ie ne suis iamais sou.

Tous ceux du village,
Courent au bruit de nostre badinage.
Pierre prend Margot par la main.
Et Perronnelle Robin,
Ie dis des ouy-da, qu'en dira-t-on ?
Des lanleres, des bons pas de Breton,
Au son de ma musette, ie danse,
En cadanse,
Ie fais des muguets
Des triolets,
Et quelques pas de balets,
Ie ris comme vn fou,
Ie bois comme vn trou
Et si ie ne suis iamais sou.

AIR DE COVR FACETIEVX

Ie ne sçais que ie dois dire.
Afin de vous resiouyr
Sus, sus commençons à rire.
De Ieanne qui tousiours rit :
Dites tout s'en que voudrez.
I'ayme bien les bilboquets.

Sa mere luy dit ma fille
Vous estes vne becquenots,
Vous aymez ce qui fretille,
Et tout ce qui n'a point d'os.
Dites tout s'en que voudrez,
Vous aymez les bilboquets.

La fille respond ma mere.
C'est vn ieu qui est si gay,
Que ie ne suis en colere
Que lorsqu'il n'est par tout vray
Dites tout s'en que voudrez
Vous aymez les bilboquets.

Ie le prend et ie le dresse,
I'en fay tout ce que ie veux.
Le mignarde et le caresse,
Les mets dans mon entre deux
Dites tout s'en que voudrez,
Vous aymez les bilboquets.

Si ie n'estois point ridée,
Comme les fesses à Gilon,
Les yeux d'vne truye bruslée

Les dents noires comme vn charbon.
Tousiours quelque mal basty.
A moy prendroit appetit.

Quand i'estois ieune galande
Ie vous iure sur ma foy,
I'auois tousiours de la viande,
Pour mon mary et pour moy,
Et si d'vn pauure Ian cu
I'auois tousiours vn escu.

Bonsoir, bonsoir ma voisine,
Qu'est-ce que vous dit le cœur.
Si tost que i'ay beu chopine.
Ie ne sens nulle douleur,
Fretillons, fretillons-nous,
C'est vn ieu qui est bien doux.

CHANSON A BOIRE

SVR LE CHANT :

Philis, vous vous plaignez en vain, etc.

Amis le palais ne tient plus,
Mon esprit est dans l'inquietude.
Ie ry de son ingratitude,
Qui rendoit tous mes sens confus.
Viuant sur l'espoir de defence.
Ma foy i'ay pensé enrager,
Et dans l'excez de penitence.
Ie l'ay veu me desobliger.

Mon courroux ie vay perdre icy,
En le noyant dans la bouteille,

Auec le bon ius de la treille
Ie vay combattre mon soucy,
Ie le tiendray dans la galere
Si bien lié de ceruelats
Que iamais ce sot temeraire,
Ne pourra troubler mes repas.

Sus, Sauoyard d'vn ton diuin,
De Bacchus chante icy la gloire
Pour moy ie veux que ma memoire
Mesprise les traicts du destin,
Que mon esprit parmy les canes,
Aille errant ainsi qu'vn lutin
Et que s'il se souille de baues,
Il se laue du meilleur vin.

CHANSON PROPRE A BOIRE.

Ie n'escoute point ces friuoles.
Me despouiller pour leur donner,
Mon ventre ayme trop à disner,
Pour adherer à vos paroles :
Ma foy tant que i'auray des dents.
Ie dis nargue de mes parents.

Tous les diseurs de patenostres,
Nous preschent et ne vallent rien :
Il vaut bien mieux manger son bien
Que le laisser manger aux autres :
Ma foy tant que i'auray des dents
Ie dis nargue de mes parents.

Quand la bourse n'est point garnie
Il n'y a point de parenté,

Auez-vous de l'aduersité,
Le plus fidele vous renie :
Ma foy tant que i'auray des dents
Ie dis nargue de mes parents.

Ie laisse tout à l'aduenture
Lorsque i'esteindray mon flambeau
Ie ne demande qu'vn tonneau,
Pour me seruir de sepulture.
Ma foy tant que i'auray des dents
Ie dis nargue de mes parents.

CHANSON NOVVELLE PROPRE A BOIRE.

Cher amy c'est assez chanter (*bis*)
Mais puisqu'il nous faut songer, (*bis*)
A faire gloire de bien boire
Pour éterniser son nom
    Que veux-tu,
    Que ne bois-tu,
Tu ne me fais point raison.

O combien de gosiers ouuerts, (*bis*)
Qui prennent à droict et de trauers (*bis*)
Qu'il est aimable d'estre à table,
Et tousiours le verre en main,
    Ie fais mespris
    Si ie ny suis,
Du soir iusques au lendemain.

Verse moy vn petit doit, (*bis*)
Ie suis mort si ie ne boy, (*bis*)
Ie n'ay enuie de ma vie,
Et n'auray l'esprit content,

Si ic ne quitte
Hippolite,
Car elle ayme trop le changement.

Autrefois i'ay fait refus (*bis*)
De suiure ce grand dieu Bacchus (*bis*)
Mais ie te iure et asseure
De le suiure desormais,
Car ces belles
Si cruelles,
Ie les banniray à iamais.

CHANSON RECREATIVE A DANSER.

Ne te veux-tu pas arrester,
Tu me veux mal-heureux.
Tu me veux baiser,
Ne vois-tu pas que ma mere,
A tousiours les yeux sur moy,
Et qu'elle me dit en colere,
Que i'auray tantost le foüet.

Elle me deffend tousiours
De parler, de traitter
Des discours d'amour,
Et d'vne mine seuere,
Me monstrant du bout du doigt
Elle me dit en colere,
Que i'auray tantost le foüet.

Laisse la mon petit cœur,
Menasser et crier,
Naye point de pœur,
Malgré sa mine seuere.

Ie te iure sur ma foy,
Bien qu'elle soit en colere,
Ie t'exempteray du foüet.

Faut-il pour vn passetemps
  Qui commence et finit,
    Presque au mesme temps ;
Que ie sois à la misere.
D'vne mere qui me voit,
Et qui me dit en colere,
Que i'auray tantost le foüet.

CHANSON PROPRE POVR BOIRE

SVR LE CHANT :
Ne devez-vous pas, au moindre signe, etc.

Faut-il que sans cesse on te crie.
Cours à la caue, es-tu venu,
Que diable icy t'a retenu,
Depuis le temps que ie t'en prie
Chers camarades pouuions-nous
Choisir un plus beau rendez-vous.

Va, mais si la soif te conseille.
D'y boire n'en reviens pas fou :
Car si tu te cassois le cou,
Tu casserois nostre bouteille
Chers camarades pouuions-nous
Choisir vn plus beau rendez-vous.

Que chacun carille au verre,
Iusqu'a tant que ie dise hola,
I'y trouue vt, re, mi, fa, sol, la,

S'il se trouue iamais en terre,
Chers camarades pouuions-nous,
Choisir vn plus beau rendez-vous.

Le beau passetemps que le nostre
Certe amis il est fort plaisant :
Mais ce chien de drille à present,
La-bas en trouue bien vn autre,
Chers camarades pouuions-nous,
Choisir vn plus beau rendez-vous.

CHANSON FACECIEVSE.

Bannissons ces fous,
Qui plaignent la vie.
Resiouyssons-nous,
Beuuons ie vous prie
Branslons le menton,
Branslons la machoire,
Ha qu'il fait bon boire
Quand on a du bon.

Ie ne trouue rien
De si delectable
Que d'auoir du vin,
Pour goinfrer à table,
Branslons le menton,
Branslons la machoire,
Ha qu'il fait bon boire
Quand on a du bon.

Bacchus tient mon cœur
C'est luy qui m'enflamme,
Sa douce liqueur

Resiouyt mon ame,
Branslons le menton,
Branslons la machoire,
Ha qu'il fait bon boire
Quand on a du bon.

Qui ne branslera
De la bonne sorte,
Et qui ne boira
Le diable l'emporte.
Branslons le menton,
Branslons la machoire,
Ha qu'il fait bon boire
Quand on a du bon.

RESPONSES AVX ENFARINEZ.

Censeurs de mode nouuelle,
Critiques ne galands de cour,
Vous montrez bien à vostre tour,
Que vous auez peu de ceruelle.
Vne autre fois discernez mieux
Les coquettes d'auec les autres,
Vne autre fois discernez mieux
Des coquettes les amoureux.

Si vos infames epitettes,
Estoient bien receus de chacun,
Toutes les filles en commun
Ne passeroient que pour coquettes,
Mais le monde discerne mieux,
Les coquettes d'auec les autres,
Mais le monde discerne mieux
Des coquettes les amoureux.

Vous auez vn grand auantage,
De n'estre point enfarinez,
Mais il faut des culs à vos nez,
Nous auons des pieds en partage,
Sans doute vous cognoistrez mieux
Auec de si belles lunettes,
Sans doute vous cognoistrez mieux
Des coquettes les amoureux.

Afin que chacun vous estime,
Pour gens en rhimes tres experts,
N'vsez que de la poudre a vers,
Et nous laissez nostre farine,
Et puis apres discernez mieux
Les coquettes d'auec les autres,
Et puis apres discernez mieux
Des coquettes les amoureux.

AIR SVR DES ENFARINEZ.

Houspillons de modes nouuelles,
Singes des galands de la cour,
Venez farcer à vostre tour,
Car le theatre vous appelle,
Si vous ne vous enfarinez
Vous n'aurez rien qu'vn pied de nez.

Encor que le peuple murmure
Que vous faite encherir le pain,
Suiuant vostre amoureux dessein,
Enfarinez bien vostre hure,
Car n'estant point enfarinez
Adieu l'amour de la coquette,

Car n'estant point enfarinez
Vous n'aurez rien qu'vn pied de nez.

Bien qu'a vous voir passer on crie,
Meusnier à l'anneau, à l'anneau,
Il ne faut point faire le veau,
Ny vous fascher que l'on en crie,
Car n'estant point enfarinez, etc.

Quand vous auriez en trois estages,
Des canons en pigeons patus
Et que vous auriez les vertus
Des plus polis au caiolage :
Si vous n'estes enfarinez, etc.

Farinez bien tousiours vos testes,
Et les collets de vos manteaux,
Vous en serez cent fois plus beaux
Et vous ferez plus de conquestes
Car n'estant point enfarinez, etc.

Alors que vous branslez la teste,
Vous aueuglez tousiours quelqu'vn
Mais n'importe que le commun,
Donne au diable la girouette
Si vous n'estes enfarinez, etc.

Bien qu'vn critique vous profane
Par vn epithete vilain
Disant il reuient du moulin,
Laissez vn peu passer cet asne,
Car n'estant point enfarinez
Adieu l'amour de la coquette,
Car n'estant point enfarinez
Vous n'aurez rien qu'vn pied de nez.

Bien que vous n'allez pas à la messe

Et ne soyez que des badins
Farinez vous à pleines mains.
Et laissez dire la canaille.
Car n'estant point enfarinez
Adieu l'amour de la coquette.
Car n'estant point enfarinez
Vous n'aurez rien qu'vn pied de nez.

CHANSON AMOUREUSE ET BACHIQVE.

Amour est à la tauerne
 Qui boit comme vn trou,
Ie veux bien que l'on me berne,
 S'il n'est desia sou,
 Bacchus ce fin mattois,
 L'a rendu si traittable,
Qu'il déguille en son carquois
 Et pisse sous la table.

Vulcan l'a dit à sa mere
 Qu'elle vint en ce lieu,
Toute rouge de colere
 Iurant mercy Dieu,
 Petit fils de putain
Ie te donneray demain
 Le fouët sous la custode.

Amour à cette menace,
 Ne fut pas trop sot,
Luy a dit de bonne grace
 En baisant le pot
 Va laisse-nous en paix
 Coquette vagabonde,

C'est à Bacchus desormais
A vaincre tout le monde.

Aller visiter les dames
　Et sentir le vin,
　C'est vne chose infame
　Petit dieu mutin,
Que dites-vous mamman,
N'est-il pas veritable,
Qu'il faut qu'vn parfait amant
　Soit vaillant à la table.

RESPONSE D'VNE IEVNE DAMOISELLE

A VN SERVITEVR ENFARINÉ.

Vos mouches et vostre farine,
N'ont pour moy que fort peu d'apas
Qu'aucuns de vous ne s'imagine,
M'auoir qu'a force de ducats,
Ie suis à qui plus me donne,
Ie ne considere personne,
Pour sa mine et pour son esprit,
Moins d'honneur et plus de profit.

Madame vous estes a l'enchere
Et a qui plus vous donnera,
Et vous ne paroissez seuere,
Qu'a celuy qui moins en aura :
Soyez Philis plus genereuse,
Ne faites point l'amour en gueuse,
Aimez celuy qui bien fera,
Le reste ira comme il pourra.

Quand ie verray dedans ma chambre
Vne troupe de ces galands,
Qui sentiront le musc et l'ambre
Et me feront cent complimens,
En feray-ie meilleure chere,
Leur passion n'est que chimere,
Qui ne vaut qu'vn seul denier,
Il faut viure de son mestier.

Nous sommes plus d'une douzaine,
Qui soupirons pour vos beaux yeux,
Nous bruslons tous de mesme peine
Pour sçauoir quand nous serons mieux,
Nous sommes tous de bonne mine,
Nous auons mouches et farine,
Peu d'argent beaucoup de caquet,
Voyez si c'est là vostre fait.

REMERCIMENT

DES ADORATEVRS DE BACHVS

SVR LA BONNE AVTOMNE.

L'automne est belle
Rendons graces à Bacchus,
A sa mere Semelle
Beuuons de ce bon jus,
Qu'on saute, qu'on chante, qu'on rie
Qu'on meine bonne vie
Qu'on face voir
Que le pouvoir
Du vin fait tout mouuoir.

La tresse blonde,
De Ceres me plaist fort
Sans elle tout le monde
Serait sans reconfort, etc.

Flore est gentille,
Mais elle ne peut pas
  Comme inutile
Nous donner vn repas, etc.

Pour ce vieil homme
Nargue de son hyuer,
Bacchus et le dieu Mome,
Nous donne le couuert, etc.

Les plus meschantes,
Qui resistent à l'amour,
Ce doux ius les enchantes,
Et chantent à leur tour
Qu'on chante, qu'on dance, qu'on crie,
  Qu'on meine bonne vie,
    Qu'on face bien voir,
    Que le pouuoir
Du vin fait tout mouuoir.

L'ESPAGNOLETTE ROYALLE.

R.

Quand iadis tu baisois la riuoire
Margot la seruante te versoit à boire,
  Et t'estant enyuré de vin gris,
  Et t'estant enyuré de vin gris,
Tu quittes la maistresse, et la seruante pris, [lis.
Et par hazard, ce bastard, ce beau fils, ce coup-là te le

De ton pere tu tiens à outrance,
La soif de gouster le meilleur vin de France;
Au berceau fut cogneu le piot
Et du ius de teton courut au ius du pot
O digne fils de ton pere Rodolphe, ta mere Margot.

Ne veux-tu pas, ô roy de la debauche
Reconnoistre mieux ce fils du costé gauche,
Puis que c'est l'ouurage de ton lict,
Donne luy tous les ans quelque meschant habit,
Et tous les iours d'vne pinte de vin fait luy faire cre-
[dit.

CHANSON A BOIRE.

Remply d'estonnement,
Si ie dois preferer,
Si ie dois preferer
Amarante à Bachus,
L'vn contente mon goust
Par le bon vin que i'ayme,
Et l'autre me plaist fort,
Quand ie vois les escus :
Non, non c'est trop reuer
Bachus ie te veux suiure
Laquais verse d'u vin,
Il faut que ie m'enyure.

Enfin i'ay resolu,
De quitter Amarante,
L'auarice et l'amour
Me quittent desormais,
Bachus ne tient iamais
Mon ame languissante,

  Et ce n'est que plaisir
  De viure sous ses loix,
  Non, non c'est trop reuer,
  Bacchus ie te veux suiure,
  Laquais verse du vin
  Il faut que ie m'enyure.

LA LANGRAVE.

C'est pour vne ingrate beauté
Qu'iniustement tu perds la liberté
 Puis qu'engagé dans son amour,
  Ie brusle nuict et iour,
  Ses yeux qui sont si doux
 Ne me regardent qu'en courroux,
  Et si ie suis à tous coups,
   L'obiect de sa colere
   Ie me desespere
   D'en venir à bout.

 Ie cherche à me iustifier,
Mais elle me deffend de l'approcher,
 Considerez que mon tourment
  Me met au monument,
  Cruelle ton amour
 Me priuera bientost du iour,
  Mais quittant ce seiour,
   Ie te fais certaine
   Que toutes mes peines
   Auras à ton tour.

 Non, non ie ne veux pas mourir
Mais ie m'efforceray de guerir,
 Car ie vois bien que tu ris,

En me voyant languir,
Ne t'imagine pas,
De me voir souffrir le trespas :
Mon cœur ne le veut pas :
Car tu es indigne
Que ie fasse signe
D'aymer tes appas.

Et pour toute conclusion,
Ie veux blasmer ton indiscretion,
Tu m'entens bien ie ne le dis,
C'est par ma passion :
Songe à ta vanité
Et ne crois pas que ta beauté
Tienne en captiuité
Aucune personne,
Ny suiet luy donne
De te regarder.

AIR DE COVR NOVVEAV ET AMOVREVX.

N'entendez-vous pas ce langage,
Quoy donc Philis, faut-il mettre en vsage
Les discours et la voix
Mon cœur a deuant vous souspiré mille fois :
N'entendez, etc.

Philis vous estes belle et sage
Voyez vous pas empreint sur mon visage
Ce que ie veux de vous,
Ie suis à tous momens à vos pieds à genoux;
N'entendez, etc.

Ne me faites point cet outrage,

Si vos beaux yeux m'ont reduit en seruage.
  Escoutez mes discours
Aux dieux faut-il se plaindre, et parler à des sourds.
  N'entendez, etc.

 S'il en faut faire dauantage,
Ne pensez pas que ie perde courage
  Pour descouurir mes feux,
Philis tout est permis aux amans malheureux.
  N'entendez, etc.

CHANSON A BOIRE.

 Ie vous le disois bien,
  Que vos rigueurs enfin,
  Rebuteroient mon ame,
 Et que pour esteindre ma flame,
  I'aurois recours au vin,
Vous ne m'auez pas voulu croire,
 Mais sçachez que ceste santé
  Philis que ie vais boire;
Est celle de ma liberté,
Est celle de ma liberté.

 Il est vray que vos yeux
  Domptent facilement
  Les cœurs les plus rebelles,
 Et si vous estiez moins cruelle
  Ie serois vostre amant.
Vous ne m'auez pas voulu croire,
 Mais sçachez que ceste santé
  Philis que ie vais boire,
Est celle de ma liberté,
Est celle de ma liberté.

Ie ne sens plus de feux,
Ie ne fais plus de vœux,
Que pour vne bouteille,
C'est vne beauté sans pareille
Qui fait ce que ie veux,
Vous ne m'auez pas voulu croire.
Mais sçachez que ceste santé
Philis que ie vais boire,
Est celle de ma liberté,
Est celle de ma liberté.

CHANSON BACHIQVE

SVR VN AIR NOVVEAV.

En reuenant de la tauerne,
I'ay pensé casser mon pot :
Car ie n'auois point de lanterne,
De flambeau, ny de falot,
Ha ! si mon vin fust cheu par terre,
Ma femme m'eust bien frotté.
Pati, pata, gros euenté,
La, la, la gros hebeté.
O qu'elle m'eust bien fait la guerre,
Mais Dieu mercy mon pot et mon verre,
Sont tousiours à mon costé.

Si le puissant dieu des bouteilles
N'eust accompagné mes pas
Ma pauure bouche et mes oreilles
Eussent fait un bon repas,
Ha ! si mon vin fust cheu par terre,
Ma femme m'eust bien frotté, etc.

Ma femme boit comme vne esponge,
Et moy comme vn trou d'esté,
Qui fait que iamais elle ne songe
A nostre necessité,
Ha! si mon vin fust cheu par terre,
Ma femme m'eust bien frotté,
Pati, pata, gros euenté,
La, la, la gros hebeté,
O qu'elle m'eust bien fait la guerre,
Mais Dieu mercy, etc.

Nous teindrons bien en écarlatte
Depuis que nous sommes nez,
Mais iamais sa couleur n'eclate,
Que sur nos bachiques nez :
Ha! si mon vin fust cheu par terre,
Ma femme m'eust bien frotté,
Pati, pata, gros euenté,
La, la, la gros hebeté,
O qu'elle m'eust bien fait la guerre,
Mais Dieu mercy, etc.

LE MESPRIS D'VNE BEAVTÉ.

Enfin Philis tous vos appas
Enfin Philis tous vos appas,
Iamais ne me forceront pas
A viure dans vos charmes,
I'ayme bien mieux viure heureux
Que mourir dans vos flames.

Ie dis fy de vostre beauté
Ie dis fy de vostre beauté

Qui est vn iour à s'aiuster
Auant qu'elle paroisse,
I'ayme mieux viure heureux
Qu'auoir telle maistresse.

Ie dis fy de tous ces amans
Ie dis fy de tous ces amans
Qui despensent tout leur argent
En vanité et gloire
I'ayme mieux viure heureux,
Rire, chanter et boire.

De gloire vous n'en manquez pas,
De gloire vous n'en manquez pas,
Vous en auez fait vn amas,
Fondé sur peu de chose,
Pour moy i'en dis comme Moduit,
Car autrement ie n'ose.

Me promenant sous vn pauillon,
Me promenant sous vn pauillon,
I'ay glissé sous son cotillon
Un oyseau sans plumage,
Afin de l'apprendre à parler,
Ie l'ay mis dans sa cage.

CHANSON BACHIQVE

SVR LE CHANT :

Quand un homme de bien est yvre.

Vante qui voudra la doctrine,
Ie me ris des discours de Pline,

Et de tant de liures diuers,
L'esprit d'vn beuueur les surpasse
Car il peut en prose et en vers,
Plus que les Muses du Parnasse.

Quand i'ay souuent vuidé mon verre,
Ie sçay le circuit de la terre,
Et tous les mouuements des cieux,
Ie connois le Pole Antartique,
La distance de tous ses lieux,
Et la ligne climaterique.

Ayant du vin ie m'estudie,
Aux points de la philosophie,
C'est ou l'on void mon iugement,
Ie suis sçauant en Rethorique,
Et pour dresser mon argument,
Ie me mocque de la Logique.

Le cabaret est mon college,
Le dieu du vin qui me protege,
Et rend mon esprit sans pareil,
Me fait voir dans plusieurs bouteilles
Rouler la Lune et le Soleil,
Pour vne des moindres merueilles.

Ouide en sa métamorphose :
Platon en sa métempsicose,
N'estoient tous deux que des reueurs,
De faire comme eux c'est vn crime,
S'ils auoient esté bons beuueurs
L'on en feroit bien plus d'estime.

Beuuons donc ma chère compagne,
Du vin François, ou bien d'Espagne,
Nimporte pas mais qu'il soit bon
Le vin nous aiguise la verue,

Et fait tourner dans vn iambon
Le docte sçauoir de Minerue.

CHANSON GAILLARDE.

Ma tante et mon frere Iean
Ne veulent pas que ie danse,
Et moy qui n'ayme rien tant,
Que de bransler en cadence :
Quoy que l'on me chante pouille,
I'ayme la tranche de iambon
Et la sauce de l'andoüille,
Car le ius me seroit bon.

L'autre iour vn bon garçon
Dans la salle de Mandosse
Me fit danser de la façon,
Quoy que l'on me chante poüille,
I'ayme la tranche de iambon
Et la sauce de l'andoüille,
Car le ius m'en seroit bon.

Quand on deuroit enrager
Ie danseray quoy qu'on dise,
Quand on deuroit enrager
Ie danseray quoy qu'on dise
Quoy que l'on me chante poüille,
I'ayme le bransle de iambon,
Et la sauce de l'andoüille,
Car le ius m'en seroit bon.

CHANSON NOVVELLE

SVR LE CHANT :

A peine voit-on personne, etc.

Si tost que Coline me voit,
  Marmotter mes patenostres,
Elle me fait signe du doigt
  Que ie suis vn bon apostre
Elle s'escrie ma sœur Toinon,
  C'est tout de bon
Prestez-luy vostre con-fesseur
Car il a plus grand vi-gilance que tous autres

  Beuuons, rions entre nous.
  Pour moy ie veux estre soul :
Pourueu que personne ny entre.
  Laquais verse encor vn coup
    Car i'entre en goust
  Ne trouuant rien de si doux
    Que quand ie bois
    Ou que ie fou-re
  Vn morceau dans mon ventre.

  Ie rencontray l'autre iour
  Vne belle creature,
  Qui me voyant sans amour.
  Consideroit ma nature,
Elle me dit le beau garçon
    De bonne façon,
  Il faut suiure ma leçon :
Il lui fit si tost que son con-seil
    M'en fit l'ouuerture.

Philis veut de mes chansons
Me voyant pres d'vn bocage,
Ie luy ay dit pour raison,
Prenez de moy d'autre gage.
I'ay bien d'autre chose pour vous
　　Pour vos yeux doux,
　Ie ne fais rien de si fous,
Adieu belle ie vous en four-niray
　　Au premier voyage.

Dites moy donc ma commere,
Quel mestier est dans Paris,
Lequel vous pourra bien plaire,
Pour contenter vos desirs
Ie ne veux, ny d'vn apprentif
　　Ny d'vn gaigne petit,
　I'ayme mieux vn vi-trié,
　　Pour mon compere.

CHANSON GAILLARDE.

Iean faisoit sauter sa femme,
Sur sa cuisse en se iouant,
Son derriere rendit l'ame,
Par vn souffle bien puant,
Prou, tou, fit cette belle,
　Ho, ho dit son espoux
Mettez vostre cul sur selle
Et non pas sur nos genoux.

Quoy ne faut-il pas qu'on pette
Luy dit-elle mon amy
Pour moy ie suis bien mal faite

Quand mon cul est endormy,
Prou, tou, etc.

N'auez vous point ouy dire
Le proverbe bien souuent,
Que pour bien viure et bien rire,
Faut donner à son cul vent,
Prou, tou, etc.

N'en parlons plus ie vous prie,
Nous n'y gaignerons pas fort,
Car ie veux que mon cul crie
Et souffle iusqu'à la mort.
Prou, tou, tou, etc.

CHANSON RECREATIVE A DANSER.

Babet que ie trouve aymable,
N'admire-tu point son humeur,
   Son esprit sociable,
   Est doux et agreable,
   Nul autre seruiteur
   Ne captiue mon ame,
   Nul autre seruiteur
   Ne possède mon cœur.

Quoy que i'ay fait resistance,
Pour me deffendre de l'aymer,
   En voyant sa constance
   Et sa perseuerance,
   Nul autre seruiteur
   Ne captiue mon âme, etc.

Le iour et la nuict ie souspire,

Sans nul remede à ma douleur.
  Et dedans ce martyre
  Babet ie t'ose dire
  Que seul seruiteur, etc.

De traicter d'indifference,
Ah! il n'est pas en mon pouuoir,
  Car i'ay quelque esperance,
  Que dans la iouyssance,
  Le matin et le soir,
  Il esteindra ma flame,
  Le matin et le soir
  Il fera le deuoir.

Ie passerois pour desdaigneuse,
Si i'en vsois tout autrement
  Ie suis trop amoureuse,
  Et suis trop genereuse
  Ie le dy librement
  Ie l'ayme vniquement.

CHANSON GAILLARDE

A LA LOVANGE

DV CONCOMBRE BIEN EN VIN-AIGRÉ.

Dans le concombre en effect;
  Ie trouve des delices,
Et mon vinaigre n'est fait
  Que pour son seul seruice
Sans le vin-aigre excellent,
Le concombre est desplaisant
Mettons donc dessous cette ombre
Ton melon dans mon concombre.

Nous ne sçaurions pas choisir
　De lieu qui soit plus sombre,
Icy ie puis à loisir
　Manier ton concombre,
　Et pendant que ie tiens,
Met mon vin-aigre en tes mains,
Il est de couleur de rose
Mais son goust est autre chose.

Chere Melite il est temps
　De les mettre ensemble,
Ah! Dieu quel contentement
　De plaisir tout me tremble
Ie sens charmer tous mes sens
Ton vin-aigre tu respand,
Ie fais sortir vn grand nombre
De liqueur de mon concombre.

Estimes-tu mon ragoust,
　Dy ma chere Melite :
Ton vin-aigre est à mon goust,
　Mais ta sauce est petite,
Il faut donc recommencer
Quand tu deurois te lasser
Car il faut vn plus grand nombre
De vin-aigre dans mon concombre.

CHANSON NOVVELLE

QVI SE CHANTE EN COVR.

A peine voit-on personne,
　Qui parle de Marion,
　Ne la blasme et soupçonne

    D'auoir son esprit frippon
    Helas! pourquoy l'accuse-t-on?
      Vrayment c'est mon
      Voila qui est bon
La pauurette a bien plus de conscience
      Qu'on ne pense.

    L'vn me dit qu'elle caquette
    A la messe et au sermon.
    L'autre dit qu'elle est coquette,
    Et qu'elle ayme le garçon,
    Helas! pourquoy l'accuse-t-on?
      Vrayment c'est mon
      Voila qui est bon,
La pauurette a bien plus de conscience
      Qu'on ne pense.

    Pour moy qui ay cognoissance
    De son inclination
    Et qui tient pour mesdisance
    D'en parler de la façon,
    Helas! pourquoy l'accuse-t-on?
      Vrayment c'est mon, etc.

    Marion est si gentille
    Qu'on l'ayme parfaictement
    On dit qu'elle a par la ville
    Le cœur de plus d'vn amant,
    Dites, pourquoy l'accuse-t-on?
      Vrayment c'est mon
      Voilà qui est bon
La pauurette a bien plus de conscience
      Qu'on ne pense.

AIR DE COVR FACÉTIEVX.

Mvses, j'abandonne vos terres,
Vos monts, vos prez, et vos deserts
Le pot me donne auec le verre,
Plus de plaisir que ceux des vers,
  Vous qui grimpez Parnasse,
   Sans pourpoint ny manteau,
   Pour y boire de l'eau,
Ce qui vous y meine m'en chasse.

Je me ris de ces grosses buses
Qui soustiennent vos interests,
Pour moy ie choisis pour mes Muses
Les seruantes des cabarets,
  Vous qui grimpez Parnasse
   Sans pourpoint ny manteau,
   Pour y boire de l'eau,
Ce qui vous y meine m'en chasse.

CHANSON BONNE POVR BOIRE.

  Ça mon cousin, mon voisin,
   Grégoire, à boire
   Chassons l'humeur noire
   Remply mon verre,
    Pierre
  De ce ius diuin
   Chere merucille
   Liqueur vermeille

Ha ! que ta bonté me réueille,
Veille
Ma chere bouteille :
Ha ! que ce vin delicieux,
Charme mes oreilles
Et rauit mes yeux.

Dans ce defy, ie dis fy de Siluie,
Vie
Mon ame est rauie,
Que sans dire hola,
Puissions-nous faire,
Faire
Tousiours ce coup là,
Qu'il t'en souuienne,
Voila la mienne
Ne veux tu pas uider la tienne,
Chienne
Tousiours ie te tienne,
Tu en es donc bien resiouy
Ouy par la mordienne
Vertu-dienne ouy.

Mais beaux yeux,
Precieux,
Sidere chere,
Tousiours ie te revere,
Quand ie les vois doux,
Quand les voyant parestre,
Estre
En grand courroux,
O cœur de glace,
Qui me menasse,
Me veux-tu mettre en ta disgrace,
Grace
Ou bien ie trespasse,
Ton cœur est donc bien en ennuy

Et ouy par la mordienne,
Vertudienne ouy.

CHANSON BACHIQVE

DÉDIÉE AVX BEAVX ESPRITS ET POETES
DE CE TEMPS.

Ça beuuons c'est assez chanté ;
Il faut songer à nos bouteilles,
I'ayme mieux boire vne santé,
Que laisser charmer mes oreilles,
 Il est vray qu'vn bel air
 Est bien delicieux,
Mais quand on chante des merueilles,
Ie trouue que du vin vaut mieux.

Ne te fasche point Saint Amant
Si tu parois vn peu critique,
Et blasmes trop seuerement
Vn si bel art dont tu te picque.
 Dis ce que tu voudras,
 Mais alors que ie boy,
Bien que i'ignore la musique,
I'entonne pourtant mieux que toy.

CHANSON AMOVREVSE

A LA LOVANGE

DE MONSEIGNEVR LE DVC D'ANGVIEN.

Nouueau Germanicus,
Vray sang de Charlemagne,

Tu les as tous vaincus
Ces peuples d'Allemagne
Allons, allons, petit chien de frippon,
Allons,
Iean de Vert et Mercy,
Sçachez qu'il est de Bourbon,
Et de Montmorency.

Il est duc d'Anguien,
De Bourbon par son père,
Mais il ne nuist de rien
Qu'il tienne de sa mère;
Allons, allons, petit chien, etc.

C'est l'homme de Rocroy.
Celuy de Thion-ville,
Cousin de nostre Roy,
Frère de Longue-ville
Allons, allons, petit chien, etc,

Tu sçais bien Philisbourg
Qui est cet Alexandre
Tu l'as veu te brauer
Au mois de septembre.
Allons, allons, petit chien, etc.

Allons boire du vin
A Vuormes, à Mayence,
Car Bacarac est pris
C'est pour le Roy de France.
Allons, allons, petit chien de frippon,
Allons, etc.

CHANSON AMOVREVSE

SVR VN AIR NOVVEAV.

Me promenant vn iour
Me promenant vn iour
Pres du palais royal ce beau seiour
Par rencontre
On me monstre
Vne tant rare beauté,
Qui me tient en captiuité,
Epris d'affection
Ie luy ay tesmoigné ma passion.
Cette Dame,
Dans ma flame,
Ie brusle nuict et iour,
Si ie ne vous compte mon amour.

La blancheur de son sein
La blancheur de son sein
Me fait perseuerer dans mon dessein.
Son visage
Tient en gage
Mon esprit et mon cœur,
Captifs sous son bel œil vainqueur.
Ses yeux sont des soleils,
Qui n'ont point dans le monde de pareils
Et i'estime
Que c'est crime
De ne l'adorer pas
Puisqu'elle a des diuins appas.

I'espere quelque iour
I'espere quelque iour

D'estre recompensé de mon amour
La franchise
M'est acquise
De la baiser quand ie veux
Et de luy poudrer ses cheueux,
Dans ma discretion
Elle soulagera ma passion
I'ay promesse
Tres expresse
Que ie suis discret,
Ie la verray en lieu secret.
O astre de la nuict,
Retire ta clarté qui me nuict,
Ta lumière
Coustumiere
Ne sert aucunement
A l'amoureux contentement.

LE JARDINAGE D'AMOVR.

Thoinon la belle Iardiniere,
N'arrouse iamais son iardin
De cette belle eau coustumière,
Dont on se sert pour le Iasmin,
Ny mesme de celle de rose, etc.

Elle auoit appris de sa mere,
Qui ne iardinoit que de nuict
De n'arouser iamais d'eau claire,
Comme celle qui vient du puits,
Elle aymoit fort l'agriculture,
Et s'y adonnoit iour et nuict,
Prenant plaisir que la nature
Luy donnast des fleurs et du fruict.

Enfin elle deuint maistresse
Et rendit son iardin si beau
Que l'on voyoit par son addresse
Tous les printemps d'vn fruict nouueau.

On ne vit iamais iardiniere,
En sa saison faire si bien,
Il sortoit de sa pepiniere,
Tous les neuf mois vn bon chrestien,
Qui ne venoit pas d'eau de rose, etc.

AIR DE COVR.

Tv vois chere maistresse
L'estat ou ie suis,
Quand ie te laisse,
Les plus beaux iours ne me sont que des nuicts.
Ie n'auray plus d'affection,
Dedans ma passion
De tes desirs,
Car ton visage
N'a plus d'auantage
Dessus mes plaisirs.

Tu fais si peu de conte
De mon amitié,
Tu cours au change,
Tu trouue estrange
Que ie t'ay quitté :
Ie n'auray plus d'affection, etc.

Ie vis dans l'inconstance
Esloigné de toy,

Ma belle Aurore,
Quand ie t'adore
Tu te ris de moy :
Ie n'auray plus d'affection, etc.

Tu viuras mécontante
Dans le repentir,
En dueil extreme ;
Et ton teint blesme
Te fait ressentir,
Que ie n'ay plus d'affection
Dedans la passion
De tes desirs,
Car ton visage
N'a plus dauantage
Dessus mes plaisirs.

NOPCE PLAISANTE DE JEANNE

SVR VN CHANT NOVVEAV.

A la nopce de Ieanne
Cette nopce de chien
On y boit en asne,
Mais on n'y mange rien.
Les tutes cousines,
Parentes, voisines
N'estoient que des putains
Qui font danser Priape
Au son du tambourin,
Comme vn ieune faquin.

L'afaire sera bonne,
Voila bien des marchans,

Voicy dame Simonne,
 Auecques tous ses gens :
 Lubine fait place.
 Marote qu'on fasse
L'honneur de la maison,
Approchez la paillace.
Pour faire asseoir Toinon,
Magdelaine et Nanon
Magdelaine et Nanon.

La voisine Tripiere,
Qui a barbe au menton,
 Apporta la premiere
Douze pieds de mouton.
 Nicole la folle
 Tracasse, fricasse
Des œufs dans vn poilon,
Faisant danser leurs fesses
Au son du violon
En double carillon,
En double carillon.

La belle Fricassée
Est-ce du cuir boüilly,
Cette galimafrée
Semble du dégueuly :
 La folle Nicole,
 Marotte la sotte,
Approchez vos gigots.
Il faut que l'on se colle
De ces gluans morceaux,
L'ame dans les boyaux.

Cela ne dura guère,
Jettez le reste au chien,
Beuuons vn coup de biere,
Et puis nous voila bien.

L'on oste la nappe,
L'on saute, l'on tappe
A son contentement,
Faisant danser Priape
D'vn ioly branlement
Au son de l'instrument.

CHANSON BACHIQVE

SVR LE CHANT:

Lisis, ce parfait a

Alexandre, ce guerrier
Qui conquit toute la terre,
Fut couronné de laurier,
Sçachant bien vuider son verre
S'il n'eust pas aymé le vin,
Il n'eust eu tant de victoire
Mais c'estoit toute sa gloire
D'en boire soir et matin.

Si la mer estoit de vin,
Ie voguerois dessus l'onde
Et d'vn courage diuin,
Ie voudrois voir tout le monde.
Mais i'apprehende que l'eau,
Faisant perdre mon nauire
Dedans son humide empire
Ne me reduise au tombeau.

Puis que Bacchus est le Roy
Des biberons et yurongnes
Compagnon ie bois à toy,

Faisons nous rougir nos trongnes,
En beuuant du vin clairet.
Il faut brauer le caresme,
Qui nous rend la couleur blesme.
Le chassant du cabaret.

La carcasse d'vn oyson
A le goust plus delectable,
Que le plus exquis poisson
Qu'on puisse seruir sur table.
Chantons, vt, re, mi, fa, sol,
Ce n'est pas vn trop grand vice
Si par faute de saucisse
Nous mangeons du haransol.

Cupidon n'a point d'appas;
Ie mesprise tous ses charmes,
I'ayme mieux vn bon repas,
Qu'estre blessé de ses armes.
Si i'ayme quelque beauté,
Il faut donc qu'elle soit peinte,
Dans le fond de quelque pinte
Ou sur le cul d'vn paté.

Neptune, dieu des poissons,
Par ses viandes flegmatiques
Nous rend froid comme glaçons,
Et nous donne des coliques;
Mais pour charmer nos ennuis
Faisons quelque doux melange
Auec le ius d'vne orange,
Beuuant les iours et les nuicts.

Il nous faut desalterer,
Vuidant les pots et la tonne.
Nous pouuons bien esperer,
Pour que la vigne bourjonne,

Vuidons, vuidons le tonneau,
Que chacun fasse merueille,
Au glou glou de la bouteille,
Attendant le vin nouueau.

TRIC, OV CHANSON A BOIRE.

Trinque, trinque, compagnon,
  Beuuons, faisons grand chere,
Voicy de bonne matiere,
C'est le sang d'vn Bourguignon
    Il est mort, mort. (*Bis.*)
    A vendange,
Il faut chanter ses loüanges.

Il a fait de grands efforts
  Ie deplore ses peines
Luy tirant le sang des veines,
On luy a foulé le corps, etc.

En faisant son testament
  Prononça ses paroles
Ie meurs pour tous ces droles
Qui boiuent incessamment, etc.

Merueille du Bourguignon,
  Que tout le monde estime,
Que ce ius me soit indigne,
  Si tu me fais raison, etc.
    C'est bonheur, s'il meurt (*Bis.*)
    A vendange,
Il faut chanter ses loüanges.

COVRANTE NOVVELLE.

Ie voy toutes les nuicts
L'obiect de mes ennuis,
Et le sommeil fait sortir du tombeau
Ce que la mort fit sortir de plus beau.
   Vous qui me reueillez,
    Clarté funeste,
    Soleil qui brillez,
Ne m'ostez pas ce qui me reste
    Laissez-moy dormir,
   Vous me faites mourir.

   Helas, où fuyez-vous?
   Bel ombre arrestez-vous?
Et permettez que mon esprit deceu,
Se flatte encor du bien qu'elle a receu
   Vous qui me reueillez,
    Clarté funeste, etc.

Ie vis la nuict et le iour,
   Cruel Amour, Amour,
Et les tyrans de ce triste entretien,
Ont effacé l'image de mon bien;
   Vous qui me reueillez,
    Clarté funeste, etc.

   Ie vis en mon sommeil
   Ie meurs en mon reueil,
Et les plaisirs de nos sens endormis,
Me reueillant ce sont mes ennemis
   Vous qui me reueillez,
    Clarté funeste. etc.

l'ay voulu l'arrester,
Et pensois l'embrasser,
Mais les objets que i'estimois viuant,
Naissent auec de l'ombre et du vent,
Vous qui me reueillez,
Clarté funeste,
Soleil qui brillez,
Ne m'ostez pas ce qui me reste,
Laissez-moy dormir.
Vous me faites mourir.

RESPONCE A LA MESME.

Puis
Ie suis vostre beauté,
Cherchant ma liberté,
Mais ie vois bien que cet eloignement
Ne sert à rien qu'à croistre mon tourment
Philis loin de ces lieux
En vain i'euite,
L'eclat de vos yeux,
Puisque l'amour punit ma fuitte
Par le desespoir
De mourir sans vous voir.

Ainsi à mon mal-heur,
Rien n'ayde à ma douleur,
Près d'expirer, mon sort sera plus doux
Il faut mourir, mourir aupres de vous :
Philis loing de ces lieux,
En vain i'euite
L'eclat de vos yeux,
Puisque l'amour punit ma fuite
Par le desespoir,
De mourir sans vous voir.

Inconstante beauté
C'est trop de cruauté
Que de vouloir m'engager à souffrir,
Et puis sans peril me laisser mourir.
　　Philis loing de ces lieux,
　　　En vain i'euite
　　L'eclat de vos yeux,
Puisque l'amour punit ma fuite
　　Par le desespoir
De mourir sans vous voir.

BALET DE MONSEIGNEVR LE CARDINAL.

Ie suis l'agreable harmonie
　Qui par mes accords diuers
　Respand de par l'Vniuers
　　Vne ioye infinie :
Ie regne quand chacun me suit ;
Qui m'abandonne il se destruit,
Qui m'abandonne il se destruit.

C'est moy qui maintient tout le monde
Par le bel ordre des saisons,
Qui par vn concert de raisons
　Calme la terre et l'onde
Ie regne quand chacun me suit ;
Qui m'abandonne il se destruit,
Qui m'abandonne il se destruit.

Ceux qui portent des diademes,
A leur mal-heur portent mes lois
Ceux qui veulent perdre les Rois,
　Ils se perdent eux-mesmes,

Ie regne quand chacun me suit ;
Qui m'abandonne il se destruit,
Qui m'abandonne il se destruit.

CHANSON DES FRERES CAMARADES.

Dans cette authentique debauche
A toy frere de ce vin bon,
  Moy boit de ma main gauche
Si toy donne à moy du iambon
Toy verras moy fredonner en cadence,
  Colin tampon, colin tampon,
    Viue bonne France,
    Lovis de Bovrbon.
    Colin tampon.

Grand mercy, frere camarade,
Moy va t'en faire la raison
  De cette canonnade
Et veux auoir le morion,
Si de bon cœur ne fredonne en cadence.
    Colin tampon, etc.

Moy veux aller en promenade.
Là-haut au ville de Meudon,
  Moy ne suis plus malade,
Si moy rencontre vne Fanchon,
Moy la feray fredonner en cadence.
    Colin tampon, etc.

Quand au combat on me reueille,
Moy prend tousiours pour bataillon,
  Le fond d'vne bouteille
Si toy donne à moy du iambon,

Toy verras moy fredonner en cadence,
  Colin tampon, etc.

CHANSON FACECIEUSE.

Amy, mon dessein est d'aller
Combattre bien tost sous les armes,
Il faut que ie fasse enroller
Mon nom parmy ceux des gens d'armes,
  Sui-moy, puisque Bachus,
  Par son pouuoir diuin,
Conduit ceux qui de cœur combattent,
  Combattent pour le vin,
  Combattent pour le vin.

Ie veux pour tambour des tonneaux,
Et pour baguettes des saucisses,
Les nappes seront mes drapeaux,
Mes fiffres des cornets d'espices,
  Suis-moy, puisque Bachus,
  Par son pouuoir diuin,
Conduit ceux qui de cœur combattent,
  Combattent pour le vin,
  Combattent pour le vin.

Dans ces honneurs que ie pretends,
Ie suis content que l'on me berne
Si c'est enroller que i'entends
C'est au liure de la tauerne,
  Suis-moy puisque Bachus
  Par son pouuoir diuin,
Conduit ceux qui de cœur combattent,
  Combattent pour le vin,
  Combattent pour le vin.

Amy, beuuons de ce bon vin,
Beuuons de ce vin delectable,
Beuuons de cet excellent vin,
Ayant les pieds dessous la table,
 Sui-moy, puisque Bachus,
 Par son pouvoir diuin,
Conduit ceux qui de cœur combattent,
 Combattent pour le vin,
 Combattent pour le vin.

AIR DE COVR A DANSER.

Meschant Colin, il fait beau voir;
 Tu m'as toute surprise,
Falloit-il prendre mon mouchoir
 Pour leuer ma chemise :
N'importe, ma mere dira,
 Voyant ma gorge nuë,
 Mon colet chifonné
Que ie me suis deffenduë.

Tu sçauois l'heure du Berger,
 Me iettant sur la couche,
Car ie n'ay peu te resister
 Des mains ny de la bouche :
N'importe, ma mere dira, etc.

Mais, dy-moy, tu n'as fait qu'vn point
 Et desia ton fil casse,
Colin tu suë en ton pourpoint,
 Quoy si tost tu te lasse :
N'importe, ma mere dira, etc.

Puisque nous auons si beau ieu,

Colin, reprens haleine,
Ie n'aurois voulu pour si peu
 Me mettre en si grand peine :
N'importe, ma mere dira,
 Voyant ma gorge nuë,
 Mon colet chifonné,
Que ie me suis deffenduë.

AVTRE AIR DE COVR.

On tient que vous dites partout
 Que ie suis trop petit,
Pour vous mettre si tost en appetit,
 Eloignés ce soupçon de vous :
  Benissez ce courroux,
   Car dans vne heure,
   Ie pasme et ie meure,
  Plus de quatre coups.

 Si vostre cas estoit plus net
  Piece de cabinet,
Auec vous despenserois mon fait?
 Ie touche cent francs par quartiers,
  Quoy n'est-ce pas assez,
   Et puisque encore,
   Beauté que i'adore,
  Empruntez du Fermier

Puisque l'amour est mon vainqueur,
 Ie suis prest de souffrir,
Plus de rigueur qu'il n'en faut pour mourir.
 Climene me tient sous sa loy,
  Et se mocque de moy,
   Quoy qu'elle fasse

Fust-elle de glace,
Son cœur est à moy.

Enfin l'Amour il t'est permis
De venger dessus moy
Tout le mepris que i'ay fait de ta loy,
Ie me suis mocqué des amans,
Que i'ay veu languissans,
Mon cœur souspire,
Et ie n'ose dire
Le mal que ie sens.

CHANSON NOVVELLE

AVTREMENT DITE, LA BOIVINETTE.

Objet diuin de mes langueurs,
Mon cœur fait gloire de vous adorer,
Et de souffrir vos extremes rigueurs
Sans rien esperer
Dans ma captiuité,
Ie ne desire que la liberté,
De pouuoir vous dire
Que mon cœur souspire
Pour vostre beauté.

Helas ! que i'ayme vainement,
Et quel remede me peut secourir
Si vostre esprit n'ignore seulement
Que l'art de guerir :
Dans l'affection,
On voit les marques de ma passion
Que vous faites naistre

Sans vouloir connoistre
 Mon intention.

Subtil trompeur qui nous abusez;
Par l'esperance que vous donnez,
Cruel flateur, pourquoy permettez-vous,
 Vn desespoir si doux,
 Beaux yeux, puissans vainqueurs,
Par quelle feinte attirez-vous nos cœurs?
 Pour finir, il faut dans nos ames
 Auoir plus de charmes,
 Et moins de rigueurs.

 Astres qui me donnez le iour,
De qui i'adore la viue clarté,
Voyez mon cœur aussi remply d'amour,
 Que vous de beauté,
 Dans ma discretion,
Quoy que ie cache mon affection
 Quand ie vous admire,
 N'est-ce pas vous dire
 Mon intention.

 Ce teint plus beau que le Soleil,
 Cette ieunesse qui nous esbloüit
Est à mes yeux comme vn bouton vermeil
 Qui s'epanoüit :
 Et dans ma passion,
Bien que ie cache mon affection,
 Mon cœur qui souspire,
 Ne peut pas vous dire
 Mon intention.

 Si vos regards auoient moins d'apas,
Mon cœur qui souffre n'aspireroit pas
En leurs douceurs qui flattent mes désirs.
 Comblent mes souspirs :

Cessez helas! cessez,
　De mettre en contrainte
　Ceux que vous blessez;
　Adorable amante,
　Ou souffrez les plaintes
　Ou les guerissez.

AIR BACHIQVE

A LA GLOIRE DES BONS BIBERONS.

Embarquons-nous sur la terre,
Ne parlons plus de la mer,
C'est vn plaisir de ramer
A la table auec le verre,
L'embarquement est diuin
Quand on vogue, vogue, vogue,
Quand on vogue sur le vin.

Pour s'embarquer dessus l'onde,
Faut estre sans iugement,
Qui va sur cet élément,
Il peut dire adieu le monde,
L'embarquement est diuin, etc.

Entre le pot et le verre
On voyage asseurement,
On caquette librement,
Quand on a les pieds sur terre,
L'embarquement est diuin, etc.

Heureux celuy qui chemine
Sur la terre et non sur l'eau,
Qui fait passer son vaisseau

Par le vent de la cuisine,
L'embarquement est diuin, etc.

AIR DE COVR PROPRE POVR BOIRE.

Si vous voulez que ie gronde,
Parlez de boire de l'eau,
Elle a seruy de tombeau
Vne fois à tout le monde,
Ha qu'on ne m'en parle pas,
Iamais dedans mon repas.

Et quoy que chacun en iuge.
Le bon Noë fut bien fin,
Pour se noyer dans le vin,
Il se sauua du déluge,
Ha, qu'on ne m'en parle pas,
Iamais dedans mon repas.

Bien souuent quand ie me moüille
Ie me sens tout transporté
N'ayans iamais supporté
De boire auec la grenouille,
Non, qu'on ne m'en parle pas
Iamais dedans mon repas.

Ie me mocque des caprices
De l'aueugle Cupidon,
A mon chapeau pour cordon
Ie veux auoir des saucisses,
Ha qu'on ne m'en parle pas
Desormais dans mon repas.

CHANSON BACHIQVE.

Lorsque ie porte vne trinque
A mon inclination
Tout le monde taupe et tinque,
Vn chacun m'en fait raison
 Vn chacun, vn chacun
Vn chacun m'en fait raison.

Quand la table estoit couuerte :
 Pour y ioüer au tric-trac.
Ie tiray de ma pochette
Vne pipe de tabac, de tabac,
 De tabac, de tabac
 Vne pipe de tabac.

Quand on boit à ma maistresse :
Au milieu de mon repas
Tout le monde me caresse
Pour boire à tous ses appas
 Ses appas, ses appas,
Pour boire à tous ses appas.

Ce n'est pas que ie n'estime
Son teint et ses blonds cheueux.
Mais ie n'ai pas la franchise
De la baiser quand ie veux
 Quand ie veux, quand ie veux,
De la baiser quand ie veux.

CHANSON A BOIRE

DÉDIÉE AVX ENFANTS DE BACHVS.

Quand vn homme de bien est yure,
Qu'a il perdu du sol pour liure,
Il se mocque des partisans,
Bachus ne fait rien sans merueille,
Et quand il a perdu le sens,
Il se trouue dans la bouteille.

Il est plus sçauant qu'Archimede,
Le Dieu du vin qui le possede
Luy enseigne le cours des cieux,
Et quoy qu'il vogue à pleines voiles.
Qu'il rende du vin par les yeux,
Il voit iusque aux moindres estoilles.

Il discourt tres bien des planettes,
Dans le verre il voit les comettes :
De docteur fait mille leçons
Il est grand comme est vn monarque,
Et nomme les douze maisons,
Les cabarets du Zodiaque.

Car le Soleil faisant la ronde,
En vn iour courant tout le monde,
A bien suiet de s'alterer,
Et par raison veut faire croire,
Qu'il a congé de Iupiter,
D'auoir douze maisons pour boire.

Il cognoist par experience

Le centre et la circonference
D'vne bouteille et d'un iambon,
Il se rit des hommes d'estudes
Estouffant dedans vn flacon
Ses ennuis et ses inquietudes.

CHANSON NOVVELLE.

Viue les enfans
Gaillards et triomphans,
Qui prennent le matin
Du vin,
De la vendange ils font leurs interests
Et leur repos
Est dans les pots
Des cabarets.
Quand ils ont pinté
Sur le cu d'vn paté
Ils grauent l'embarras
D'Arras,
Sur vne assiette ils peignent le Rhin.

Füions les assauts.
Ceux-là sont de grands sots,
Qui cherchent les hazards
De Mars,
Suiuons Bachus, offrons luy nos chansons,
Suiuons sa loy,
Puisqu'il est roy
Des bons garçons.
Suiuons sa valeur,
Ce n'est pas vn malheur
De tomber sur le cul
Vaincu.

Ceux que l'on voit au plus fort des combats
    Tomber souuent
    Le nez deuant,
    Ne meurent pas.

CHANSON BACHIQVE.

Imbecilles amans, dont les bruslantes ames
    Sont autant de tisons
Allez porter vos fers, vos chaisnes et vos flames
    Aux Petites maisons.
    Cependant nous rirons
      Auec la bouteille
      Et dessous la treille
Nous la cherirons, nous la cherirons.

Faites vn habit vert tout couuert de sonnettes,
    Couurez en vostre corps
Pour paroistre aussi fols dans vos gaye-sonnettes,
    Dedans comme dehors :
    Cependant nous rirons
      Auec la bouteille
      Et dessous la treille
Nous la cherirons, nous la cherirons.

Hurlez toute la nuict, faites vos pourmenades
    Sans iamais vous lasser,
Cependant qu'vn valet paye vos serenades
    D'vn vieux pot à pisser
    Cependant nous rirons, etc.

Amy beuuons du vin, beuuons à tasse pleine,
    Sus reiouyssons-nous
      Beuvons tous , , , , , , ,
Iour et nuict, enyurons-nous trestous,
    Cependant nous rirons, etc.

AVTRE CHANSON BACHIQUE.

Sainct-Roch est ma seule esperance,
C'est où l'on boit en abondance
De ce nectar delicieux.
Vous qui desirez la gloire,
Il vous faut visiter ces lieux
Pour auoir l'honneur de bien boire.

Il faut renoncer à Neptune,
Si vous voulez faire fortune
Et suiure le pere Bachus.
Qu'on ne parle plus que de boire,
Puis que l'vsage des escus
N'est fait que pour vuider le verre.

A Sainct-Roch pour vuider la coupe,
Assemblons-nous ma chere troupe,
Dormons la nuict beuuons le iour
De cette liqueur souueraine,
Nous y boirons à tasse pleine,
Allons dedans la rue Beaubourg.

Lorsque i'ay beu ie suis plus docte
Que Platon ny qu'vn Aristote,
Ie defie tout l'Vniuers,
I'ay l'esprit subtil et habile,
Alors qu'il faut faire des vers
Ie suis plus sçauant que Virgile.

Platon, Socrate et Diogène
Quand ils auoient la tasse pleine,
C'est lors qu'ils faisoient leurs escrits.

Il faut honorer leur memoire,
Puis qu'il n'est que les beaux esprits
Qui se plaisent le mieux à boire.

C'est à Bachus que ie me fie
Pour sçauoir la philosophie
Que l'on apprend au cabaret?
Allons y t us chere compagne,
Boire le blanc et le clairet,
Nous mocquant des forces d'Espagne.

CHANSON BOVFONNE A BOIRE.

Sus, qu'vn chacun s'eueille,
Que Bachus regne icy,
Maudit soit qui sommeille
Ou qui prend du soucy,
Le vin resiouyt l'ame?
Le voyant ie me pasme,
Ie le prend ie le boy,
  Ie le porte à toy,
La chaleur m'enflame,
Mais c'est vn feu diuin,
Car les Dieux ayment le vin.

N'aymons toutes les belles
Adieu tous les plaisirs :
Elles font les cruelles
Blasmant tous nos desirs,
Mais aimons la bouteille
Car ie veux iouyr d'elle
  Mon amour et ma foy
   Il sera pour toy.

Ie suis ton bien fidelle,
J'ayme mieux du vin gris
Que le sein de Cloris.
La ruë Beaubourg m'attire.
J'y fais vn plaisant floc:
Souuent ie me retire
A l'image Sainct-Roch;
Le vin resiouyt l'ame
Le voyant ie me pasme,
Ie le prend, ie le boy, etc.

AVTRE CHANSON POVR BOIRE.

A toy, gros boursouflé,
Ie t'annonce la guerre,
Arme toy d'vn iambon
D'vn flacon et d'vn verre.
Et dans le cabaret vuidons
Vuidons nos differends.
Sans perdre aucun aduis
D'amis ny de parens :
Et sans enuie faisons la vie,
Et sans enuie faisons la vie.

Prepare ton gosier,
Et ta grosse bedaine,
Ie m'en vay boire à toy
Quinze coups d'vne haleine,
Et dans le cabaret, etc.

Mesprisons les combats
La fortune et la gloire
Si nous tombons à bas

Que ce soit de trop boire,
Et dans le cabaret, etc.

CHANSON DE TRENTE ET QVARANTE.

Rien n'est plus beau dans la nature,
Que l'agreable fleur qui naist,
Si i'exerce l'agriculture,
Les dieux me gardent s'il leur plaist,
De iamais arrouser la fente,
Des dames de trente et quarante.

I'ayme bien la fleur qui boutonne
Ie suis vn rare iardinier
Mais ie veux bien qu'on me chaponne
Si ie fais tour de mon mestier,
Soit en écusson ou en fente
Des dames de trente et quarante.

Ie passe par toute la France
Pour laboureur et bon fermier
Mais mon bon grain et ma semence
Pourriront plustost au grenier
Que iamais ie ne seme et plante
Sur dames de trente et quarante.

Lorsque i'ay besongne nouuelle
Ie suis fort habile masson,
I'exerce fort bien ma truelle,
Mais l'on perd plus que la façon,
A replastrer les vieilles fentes
Des dames de trente et quarante.

Ie suis pour neufue cheminée,

Bon Sauoyard garçon d'honneur,
Mais pour les vieilles ruinées
Ie suis vn mauuais ramonneur,
La suye est parfois fort puante
Dans celles de trente et quarante.

Ie suis vn gormet d'importance
S'il faut percer vn muict nouueau
Mais si la futaille en est rance
Mon giblet repousse vn tonneau
Et n'entre point dedans la fente
Des dames de trente et quarante.

Pour les perdreaux et ieunes cailles,
Ie suis vn fort bon cuisinier,
Mais ie ne larde rien qui vaille,
S'il faut picquer du bon gibier.
La viande est tousiours relente
Des dames de trente et quarante.

Ie suis vn bon tailleur de filles
Pour elles au trauail inuaincu,
Mais que ie rompe mon aiguille
Deussent elles monstrer leur cul
Si iamais ie recous la fente
Des dames de trente et quarante.

AIR DE COVR NOVVEAV.

Philis que t'ay-ie fait, maistresse de mon cœur,
Tu me fuis, tu ne me sçaurois souffrir,
Seul obiet que i'adore, tu me fais mourir,
Belle que i'ayme vniquement,
Pour qui ie souspire mesme à tout moment

Suis-ie pas mal-heureux
D'estre absent de tes beaux yeux
Si pleins de charmes et de feux.

Amour faites cesser son iniuste rigueur
Qu'elle connoisse ma fidelité,
Que ie tiens sans égale comme sa beauté,
Ie l'aimeray iusqu'au trespas,
Deut elle s'en pleindre (vous n'en doutez pas),
Car mon grand desir
Est de la pouuoir secourir,
Amour donnez moy ce plaisir.

Ha ma chere Philis si tu as de l'amour,
Il faut trouuer ce iour heureux,
Qui permet à nos ames d'alleger nos feux
Que sur ta bouche et sur ton sein
Tu me laisse prendre des baisers sans fin,
Et gouster les plaisirs
Qui donnent autant de desirs
Comme nous eusmes de soupirs.

Helas faut-il abandonner Philis,
Philis de qui les charmes innocens
Ont des traits si puissans qu'ils captiuent nos sens
O ciel i'implore ton secours,
Rend moy ce bel astre, ou m'oste le iour,
Car toute autre clarté
Ne me semble qu'obscurité
Auprès de l'éclat de sa beauté.

CHANSON A BOIRE.

Amis c'est à present que la guerre est finie
Le temps passé n'est plus, la paix est nostre amie ;

Puisqu'vn accord diuin
N'a sceu poser les armes
Ne versons plus de larmes,
Que les larmes de vin.

Imbeciles amans qui mourez pour ces dames
Fy de vos sentimens qui bruslent dans vos flames
    Puisqu'vn accord diuin, etc.

Si les dieux ont souffert pour cause legitime,
Que Mars est aux enfers, et Pluton pour victime :
    Laissons les en repos,
    Pendant que sur la terre
    Nous viderons le verre,
    Et hausserons les pots.

Mesprisons les combats, la fortune et la gloire
Viue le Sauoyard il ayme bien à boire,
    Puisqu'vn accord diuin, etc.

CHANSON PLAISANTE ET RECREATIVE

DV LENDEMAIN DE LA NOPCE DE JEANNE.

C'est trop bransler la fesse
Ie suis tout equené
Cette paillarde vesse
M'a tout à fait arné
    Bousines, comperes,
    Voisines, commeres;
Venez voir tous ces veaux
Qui sont couchez par terre
Entassez à monceaux
Comme vn tet à pourceaux.

Qu'enten-ie dans la ruë
Est-ce vn chariuary,
Si musique bouruë
 Me rend ton cheury,
 Qu'on chasse, qu'on taille,
 La basse, la taille
Chantons sur le dessus,
Bernans cette canaille
Et l'enuoyons la sus
Voir Orlande de Lossus.

Debut la nopce est faite,
Voicy venir du laict.
Marotte qu'on s'appreste
A faire le broüet
 La trouppe sommeille,
 La souppe l'éueille,
Chacun faute de laict,
Et secouant l'oreille
Sur l'heure de minuict,
Recommence le bruit.

Ha voila le potage,
 Mais le laict est tourné,
 Qui puisse auoir la rage
Celle qui l'a donné :
 Medaille qu'on couppe,
 Qu'on taille sa souppe,
Qu y que la citroüille en est
 Fricassons cette trouppe
 De ses rauissans mets,
 Sans faire les bonnets.

Ie voy la gueule ouuerte
Venir Marie Graillon
Qui gobe vne huistre verte
Semblant vn raquillon,

Cette huistre tribouïlle
Le cidre gargoüille
Au ventre des putains
Et le plat de citroüille
Fait à tous ces gredins,
Vuider les tripes et boudins.

Treue de goinfrerie,
Il est temps de danser
Vn bransle de sortie,
Ie m'en vais commencer,
 La rousse fait Gilles,
 Et trousse ses quilles,
Chacun en fait autant,
Et n'est garçon ny fille
Qui ne soit en sortant
Gaillard et bien content.

CHANSON GAILLARDE

EN FORME DE PASSE PIED DE BRETAGNE.

Mon petit camarade
Qui quand et moy fut né,
Pour luy donner gambade
M'a fort importuné,
Il veut que ie le mette
Au iardin d'Oliuette
Ie le prends, ie le mets
 Ie le boute aupres,
 Ie le pousse il entre
Et iusqu'à tant qu'il en fut las
Mon galand n'en sortit pas.

Faisant la promenade

Tout autour du iardin
Dessus la palissade
I'aperçus vn conin,
Sans d'auantage attendre
Mon galand le va prendre
Ie le prends, ie le mets, etc.

Dessous la sombre treille
Oliuette dormoit
Pendant qu'elle sommeille
Mon galand s'apprestoit.
Voyant sa cotte verte,
Et sa porte entr'ouverte :
Ie le prends, ie le mets, etc.

AIR BACHIQVE.

Qvi ne boit pas est insensé
Il est ennemy de la vie,
Faut que son nom soit effacé
Du liure de la confrairie,
Tout homme qui a du soucy
Ne doit iamais venir icy.

Que diable vient faire vn reueur
Dedans cette bachique trouppe,
Il tient la place d'vn beuueur,
Qui vuideroit souuent sa couppe
Tout homme qui a du soucy
Ne doit iamais venir icy.

Tousiours vn auaricieux
Est reconnu dans son visage :
Lors que quelqu'vn deuient ioyeux

Il creue, il deteste, il enrage,
Tout homme qui a du soucy
Ne doit iamais venir icy.

Viue les enfans de Bachus,
Viue à iamais la goinfrerie :
Amis l'vsage des écus
N'est seur que pour l'yurongnerie
Tout homme qui a du soucy
Ne doit iamais venir icy.

LA LOUANGE DES CORNES.

Celuy qui mesprise les cornes,
Qui sont les sources de bon-heur
Merite bien de voir les bornes
De l'extremité du mal-heur,
Iupin par sa vertu diuine
Les influant en ces bas lieux,
Nous veut demontrer par ce signe
Que la corne est venue des Dieux.

Midas, roy par sa diligence
De Iupiter victorieux
Receut la corne d'abondance
Comme riche présent des Dieux
Apres cette diuine engeance
Se multipliant en ces lieux,
Portant quant et soy la semence,
Du bien qu'il a receu des Dieux.

Les honneurs, les biens, la richesse,
Les contentemens, les plaisirs,
Tout ce que le monde caresse

Rassasieroit vos desirs,
Pourueu que cette riche plante
Se trouue dans vostre maison,
La corne est vne espece d'ente
Qui produit en toute saison.

Sans la corne d'apoticaire
Ne distilleront vin ny eau
Le chirurgien ne sçauroit faire
Tant soit peu leuer vostre peau,
Tous les merciers et les droguistes
Font tous les iours mille cornets,
Les ouuriers les plus artistes
Des cornes font des chapelets!

Si l'on veut rendre vn sacrifice
Dans le temple des immortels,
Pour auoir quelque lieu propice
L'on prend les cornes des autels,
Au beau milieu d'vne audiance
Vn iuge sera méconnu,
Et seroit tenu sans science,
Si n'estoit son bonnet cornu.

Et si les vertus de la corne
Ne surpassoient pas la raison,
Comment est-ce que la Licorne
Pour chasser l'extreme poison
La seule corne d'vne beste
Nous peut sauuer par ses effects,
Ceux qui en portent deux en teste,
Feroient bien de plus grands proiets.

Le docteur en magnificence,
A la robbe et le chaperon,
Pour marque de sa conscience
Il a des cornes sur son front :

4.

Mais le concert de la noblesse
Pour animer souuent les chiens
Et les cornes sont la richesse
Des sergens et praticiens.

Sans les cornes les benefices
Ne seroient pas si tost courus :
Le cheual ne seroit propice
A ceux qui cheuauchent dessus?
Bref aux offices plus secrettes,
La corne sert de tous costez
Cornards consolez vous sans cesse
Puis que des Dieux vous les tenez.

CHANSON A BOIRE.

Catin dit qu'en tous les lieux
  Ses amans l'enuironnent
Qu'ils luy sont ennuyeux,
  Bien qu'ils l'affectionnent
  Qu'ils sont en son pouuoir
Mais qu'elle n'en ayme aucun :
  Elle en voudroit auoir
  Seulement la queuë d'vn.

  Polidor de soucy
  En est deuenu blesme,
  Leandre est tout transi
  Thirsis hors de luy mesme
  Qui sont en son pouuoir, etc.

  L'vn pour s'en faire aymer,
  Fait des vers dessus elle
  L'autre se vient pasmer,

Aux pieds de cette belle
Qui sont en son pouuoir, etc.

Mesmement dans la cour
Ils souspirent pour elle
Plus ils luy font la cour
Plus elle en est cruelle?
Qui sont en son pouuoir,
Mais elle n'en ayme aucun
Elle en voudroit auoir
Seulement la queuë d'vn.

GAILLARDE CHANSON

POVR SE BIEN RESIOVYR.

Qu'elle est bonne mesnagere
Cette dondon de Margot,
Elle met la chair au pot
Elle est bonne tapissiere
Sans drap, serge à ce qu'on dit,
Elle fait de bons tours de lict.

Elle blute et elle enfourne,
Et tousiours son four est chaud
Elle fait tout ce qu'il faut,
Car elle embroche elle tourne
Et depuis plus à ce qu'on dit
Elle fait de bons tours de lict.

Sçauez vous bien qu'vne anguille
Elle escorche bien mieux que vous,
Mais c'est entre ses genoux,
Ou souuent elle fretille,

Et si de plus à ce qu'on dit
Elle fait des bons tours de lict.

Ma foy c'est bien la plus forte
Vn homme elle porte bien
Mais on dit ie n'en sçait rien
Que iusques à six elle porte,
Et de plus à ce qu'on dit
Elle fait des bons tours de lict.

Elle trait bien vne vache
Elle prend fort bien le bout,
Couchée, assise et debout,
Sans que sa mere le sçache,
Et de plus à ce qu'on dit,
Elle fait de bons tours de lict.

CHANSON BACHIQVE.

Gallas n'est il plus à propos
Que vous fassiez la guerre;
Quittez le cymeterre,
Et vous meslez parmy les pots,
C'est le mestier des Allemans
De mourir à force de boire.
Ou vous cherchez, ou vous cherchez des monumens,
Nous y trouuons des champs, des champs de gloire.

Vous estes de ces grands guerriers
Qui font trembler la France
Les iambons de Mayence
Sont tous couuerts de vos lauriers
C'est le mestier des Allemans, etc.

Nos vins sont par trop délicats
   Pour vos testes grossieres
   C'est pourquoy nos riuieres,
Ont abbreuué tous vos soldats,
C'est le mestier des Allemans, etc.

Bachus amy des bons compagnons
   Pour defendre nos vignes
   Par des combats insignes
A pris le bras des Bourguignons
C'est le mestier des Allemans, etc.

Si le François dans sa fureur
   Ioint l'onde à sa victoire
   C'est pour vous faire boire
A la santé de l'empereur,
C'est le mestier des Allemans, etc.

Courez par vallées et par monts
   Pour chercher vn azile,
   Vous serez cet Achile
A qui Paris vit les talons,
C'est le mestier des Allemans
De mourir à force de boire, etc.

AIR NOVVEAV.

I'ayme bien, mais pour mourir d'amour
   Ie n'en ay point d'enuie
   I'aymeray vn iour
   Puis adieu ma Syluie,
Mais tousiours malgré ma foy
Mon amour marche auec moy.

Ie ne puis Philis en vous aimant
　Estre tousiours fidelle,
　　Car l'eloignement
　En d'autres lieux m'appelle, etc.

Que ie plains ces pauures amoureux
　Qui souspirent sans cesse :
　　Ie suis plus heureux,
　I'ay changé de maistresse, etc.

Pensez vous pour vn mot d'adieu,
　Que ma douleur cesse
　　En changeant de lieu
　Ie change de maistresse, etc.

Demeurer tousiours pres de vous
　Ce n'est pas la méthode :
　　Pour estre de ces fous
　Ie suis trop à la mode, etc.

Ie vay m'eloigner de ces lieux,
　Ma tres chere mignonne
　　Pour cela tes beaux yeux
　A pleurer me consomme, etc.

AIR DE COVR NOVVEAV.

Laquais verse du vin,
　Verse du vin,
Dans l'humeur ou ie suis
Ie veux faire merueille?
Ie veux malgré l'amour,
　Malgré l'amour
Enfermer mes ennuis

Au fond d'vne bouteille
Que Bachus est charmant
Qu'Amour a de malice
Et qu'il a d'artifice
Pour tromper, pour tromper vn amant.

Ie fais autant d'estat,
   Autant d'estat
Du flambeau de l'amour
Comme d'vne lanterne.
I'ay veu vn feu plus beau,
   Vn feu plus beau
Qui reluit nuict et iour,
Au fond d'une tauerne :
Que Bachus est charmant, etc.

L'eclat d'vne beauté,
   D'vne beauté
Ne me tiendra iamais
Fut-elle vne merueille,
I'en suis trop degousté.
   Trop degousté,
Et ne veux desormais
Cherir qu'vne bouteille.
Que Bachus est charmant, etc.

Fy de ces amoureux,
   Ces amoureux,
Qui quittent le bon vin,
Pour sauourer des larmes,
Pour moy ie me ry d'eux.
   Ie me ry d'eux
Quand ie gouste au matin
Ses agreables charmes.
Que Bachus est charmant, etc.

Amis laissons ces fous,

Laissons ces fous,
Souspirer dans l'excez
D'vn amoureux martyre
Et quand nous serons sous,
Nous serons sous,
Nous mocquant de l'amour
Ne parlons que de rire,
Que Bachus est charmant
Qu'Amour a de malice,
Et qu'il a d'artifice
Pour tromper, pour tromper vn amant.

AIR NOVVEAV A BOIRE.

Pour paroistre Cesars
Pour paroistre Cesars,
Il faut suiure Bachus, et quitter Mars.
Faisons gloire
De bien boire
Car pour estre en repos
Il faut viure parmy les pots,
Ce ius delicieux
M'apprend en vn moment le cours des cieux :
Le remede
D'Archimede,
Est qu'il prenoit du vin,
Pour rendre son esprit diuin,
S'il est vray que Platon
A pris tout son sçauoir dans le flacon
Estant yure
Il n'y a liure,
Hebreu, grec ou latin,
Que ie n'explique tout soudain ?
Quand nous serons malsains

Ne nous seruons iamais de medecins
    Leurs receptes
    Sont mal faites
De nous ordonner de l'eau,
Qui nous réduiroit au tombeau
   Si ie vay aux Marets
Ce n'est que pour hanter les cabarets,
    Le merite
    D'Hypolite,
  Ny sa rare beauté,
N'a rien dessus ma liberté.
   Qu'on m'appelle instant
  Ie me mocque de tout,
    Il en est temps :
    Si sa grace
    Ne surpasse
Celle d'vn broc de vin,
Ie dis adieu à son beau teint.

AVTRE CHANSON BACHIQVE.

  Courons, courons, courons
Au cabaret, au cabaret
  La soif nous y conuie,
  Laquais double le pas
  Et fais tirer du vin,
Sous ces plaisirs charmans
  Que l'on prend au festin,
  L'homme ne peut passer
  L'homme ne peut passer
  Heureusement sa vie.

  Beuuons, beuuons, beuuons,
Et qu'auiourd'huy, et qu'auiourd'huy

Chacun de nous s'enyure
Allons rendre l'esprit
Au pied de ce tonneau,
Nous ne sçaurions auoir
De plus charmant tombeau,
Qui peut mourir ainsi
Qui peut mourir ainsi
Ne meurt que pour reuiure.

COVRANTE NOVVELLE

DANCÉE AU BALET

DE MONSIEVR LE CARDINAL.

Cruel tyran de mes desirs
Fascheux respect qui me faites mourir,
 Vous me defendez les souspirs
Deuant l'obiect qui me peut secourir,
 Et tout prest de perdre le iour
Vous m'ordonnez de cacher mon amour.

 Belle cause de mon mal-heur,
Qui ne donnez aucun soulagement
 Souuent pressé de la douleur,
Ie veux conter mon amoureux tourment,
 Mais tout prest de perdre le iour
Vous m'ordonnez de cacher mon amour.

 Faut-il qu'vn mal-heur éternel
De mes plaisirs arreste ainsi le cours,
 Mon dessein est-il criminel;
Dois-ie mourir sans espoir de secours,
 Et tout prest de perdre le iour
Pourrois-ie bien vous celer mon amour.

Reconnoissez mieux vos attraits ;
Blasmez vn peu tant de seuerité
  Les dons que le ciel vous a faits
Seruent d'excuse à ma temerité
  Et tout prest de perdre le iour
Veuillez au moins reprendre mon amour.

AIR DE COVR A DANSER.

Lysis ce parfait amant
Fait gloire d'estre volage,
Que i'ayme le changement,
Qui d'auprès luy me dégage,
Ie n'ay plus aupres de moy,
Cette humeur capricieuse,
Que i'eusse esté mal-heureuse
S'il n'eust point manqué de foy.

Ce prince des inconstans
Consideroit mes œillades,
Et mes moindres passe-temps
Rendoient son esprit malade
Vne mouche aupres de moy
Eust mis son ame en colere
Et i'eusse eu de la misere,
S'il n'eust point manqué de foy.

I'auois beau regler mes yeux,
Il soupçonnoit ma pensée,
Et croyoit qu'en diuers lieux
Mon ame estoit addressée,
Il glosoit sur mes discours
Mon silence estoit coupable,

Et i'eusse esté miserable
S'il n'eust point changé d'amours

L'ingrat s'éloignant de moy,
A mis vn autre a sa place
Et par sa mauuaise foy
A perdu mes bonnes graces
S'il reuient aupres de moy
Auec sa ceruelle creuse,
Ie veux estre malheureuse
Si ie luy tiens plus de foy.

LA ROYALLE.

Beaux yeux miracles de nostre age,
   Doux charmes de nos sens,
     Ces traits puissans
   Dont ie blesse mon cœur,
   Sont pour moy sans rigueur,
Mon ame benit mille fois,
Le vainqueur des Dieux et des Rois,
    Qui m'enflammant
    M'a rendu ton amant,
   Et suiet à tes loix.

Adorable et belle Constance
   Voyant des appas
    Ie ne croy pas
   Que les obiects des cieux
   Soient plus beaux que tes yeux.
Aussi l'aurore à son reueil
Qui n'a iamais de pareil
    Qui peut charmer,

　　　　Son chef pour l'admirer
　　　　Comme vn nouueau soleil.

　　Si tu m'eusse esté rigoureuse,
　　　　Obiet rare et beau,
　　　　　Dans le tombeau
　　　　I'eusse trouué la fin
　　　　　De mon destin :
　　Mais puis que tu reçois mes vœux
　　Et que tu brusle de mes feux,
　　　　　Ie te promets
　　　　De ne cesser iamais
　　　　D'adorer tes beaux yeux.

LA GRAVELINE.

　　Philis vous me voyez mourir
　　　　Et vos beaux yeux à tort
　　Cruelle loing de me guerir,
　　　　Hatent ma mort ;
　　Et voyez si ie suis discret,
　　　　Puisque sans regret
　　　　I'ai quitté le iour,
Ne pouuant autrement vous cacher mon amour.

　　Du moins honorez mon trespas,
　　　　D'vn souspir seulement,
　　Ingratte ie ne mourray pas
　　　　Si tristement.
　　Beaux yeux si i'osois esperer
　　　　Qu'on vous vit pleurer
　　　　I'aymerois mon sort
Et benirois les mains qui me donnent la mort.

Belle pucelle, rendez-vous,
Tachez d'euiter le courroux
D'vn prince qui ioint le bon-heur
    À sa valeur
Connoissez son affection
    Et sa passion
    Ce noble vainqueur
Ne peut estre logé que dans vostre cœur.

En vain ces beaux remparts
Cette citadelle et ces forts
Resistent contre nos efforts
    De toutes parts
Au moindre bruit de nos canons :
    Ils seront bas
    Et tous nos soldats
Passeront sur le ventre de ces Rodomons.

Gaston dont la valeur,
Se fait craindre autant qu'admirer,
Ordonne sans plus différer
    Vostre mal-heur
Connoissez son affection
    Et sa passion,
    Ce noble vainqueur
Ne veut estre logé que dans vostre cœur.

LES AFFECTIONS

PORTÉES

A LA DEMOISELLE GRAVELINE.

A vous parler de Graueline,
En conscience et verité,

I'estime autant sa bonne mine,
Que ie crains sa seuerité
Et croy que cette damoiselle
Veut nous faire mourir pour elle

Lors qu'on approche son visage
Pour en remarquer la beautez
Ce n'est que colere et que rage,
Elle est en feu de tous costez,
Enfin iamais nulle autre prude
N'eut la negation plus rude.

Gaston dans l'amour qu'il luy porte
Ne met plus ailleurs son desir,
Il brusle et il couche à la porte,
C'est tout son soin et son plaisir,
Et n'est iour ne nuict qu'il ne donne,
Quelque aubade à cette mignonne.

Qu'elle fasse vn peu la cruelle,
Le premier et le second iour
Ce n'est pas chose bien nouuelle
A qui sçait que c'est qu'amour
La pluspart de celles qu'on ayme
N'en font elles pas tout de mesme.

Tout ce qui s'y trouue à redire,
C'est son peu de ciuilité,
De se cacher quand il l'admire,
Sans respecter sa qualité
Comme vn autre elle le repousse,
Et n'en a pas la voix plus douce.

Mais tant plus elle se chagrine
Plus on rit de l'ouyr sonner
Ella a beau faire la mutine
Tout cela n'est que façonner

Et suis trompé si la rebelle
N'est mise en bas en dépit d'elle.

CHANSON A DANSER.

Alison, chere Alison,
  Fay moy raison
  Fay moy raison
   Si tu veux
   De mes vœux,
D'vne excuse ne m'abuse
  Ne m'abuse,
Et ne me paye iamais
D'vn si, d'vn car, ny d'vn mais.

Tu me dis si mes amours
  Durent tousiours
  Durent tousiours
   Que tu as
   Et aura
   Dans ton ame
   Mets ma flame,
Et ne me paye iamais, etc.

Tu me dis, car si legers
  Sont nos bergers,
  Sont nos bergers,
   Leur plaisir
   Leur desir,
   Chose estrange
   C'est le change
Et ne me paye iamais, etc.

Puis tu me dis, mais aussi

Mon cher soucy
Mon cher soucy
Il est temps, tu attens
Tu attens,
Tu peux croire
La victoire.
Et ne me paye iamais, etc.

I'aymeray cet Allemant
Si inconstant.
Si inconstant,
Ses beaux yeux
Sont mes Dieux
Ses addresses
Mes caresses :
Et ne me paye iamais, etc

Si ie le trouue vne fois
Parmy nos bois (54)
Quelque part
A l'escart.
Ie te iure
Et t'asseure
Sans craindre mais, ny car, ny si
Qu'apaiseray mon soucy.

AIR BACHIQVE.

Ne vous estonnez pas
Si ie cheris la treille,
Et si dans mon repas
I'ayme bien la bouteille,
Ma nourrisse m'a dit

Que l'on prit vn tonneau,
　　Estant petit,
Estant petit enfant pour me faire vn berceau.

　Ma nourrisse au matin
　Allant voir sa vendange
　Dans la cuue du vin
　Laissa tomber mon lange,
　Et mon hochet aussi
　Qu'elle me fit sucer,
　　Et du depuis
Et du depuis du laict ie n'ay voulu gouter.

　Il me fallut seurer
　A ce que dit ma mere,
　On me fit enyurer
　Pour contenter mon pere.
Ha! morbleu ce dit-il, ie ne luy lairay rien,
　　Il en aura
Il en aura assez pourueu qu'il boive bien.

　L'Empire de Bachus
　Va par toute la terre,
　Qui cherit les escus
　Est ennemy du verre,
Son tronc est glorieux et son pouuoir diuin.
　　Il fait partout,
Il fait partout trouuer des années et du vin.

CHANSON BACHIQVE.

Amy ce bufet m'importune,
Ie boirois quatre fois pour vne

S'il n'en falloit point demander,
Vos laquais sont courts de memoire,
Il faut incessamment crier :
Du vin, du vin, à boire, à boire.

I'apporte icy sur cette table
Ce flacon de vin delectable.
Et mon verre que i'ayme tant.
Auez-vous perdu la memoire?
Il faut crier incessamment :
Du vin, du vin, à boire, à boire.

Sortez, sortez de cette salle
Vous nous traitez comme Tantale,
Ostez ce bufet promptement,
Ils ont tous perdu la memoire,
Il faut crier incessamment :
Du vin, du vin, à boire, à boire.

Sus, sus beuuons à la pareille
Du nectar de cette bouteille,
A la santé du dieu Bachus;
Puis apres nous ferons merueille.
En depit de tous les cocus,
Qui ne cherissent point la treille,
La treille, la treille, la treille.

COVRANTE NOVVELLE

A LA LOVANGE DV SAVOYARD.

Ie suis ce fameux Sauoyard
Qui par l'adresse de mon art
Surmonte la melancolie :

Ie ne suis iamais si content
Qu'alors qu'en bonne compagnie
Ie trouue à bien passer mon temps.

Malgré la perte de mes yeux,
Mon nom éclatte en diuers lieux,
Sous ce titre d'incomparable.
Si ie passe pour debauché,
Ie n'en suis pas moins estimable,
Moins heureux ny moins recherché.

Ie ne veux donner des aduis
Qui soient dignes d'estre suiuis,
Grauez les dans vostre memoire.
Messieurs, c'est que pour viure heureux,
Il faut rire, chanter et boire
Parmy les debats amoureux.

Quand i'ay pratiqué mon conseil
Ie suis dispos, frais et vermeil,
Ie coule heureusement ma vie,
Ie frequente les cabarets,
Les plaisirs de la comedie,
Les ieux, la dance et les balets.

N'oubliez pas le Sauoyard,
Auec ses chansons dissoluës
S'il n'eust pas esté si paillard,
Il n'auroit pas perdu la vuë.

LE GRAND MESPRIS D'VNE BEAVTÉ.

I'ay pris de moy-mesme campos
Et ie ne suis plus en seruage

Enfin i'ay recouuré l'vsage,
Du vin, des verres et des pots.
   Adieu donc belle Aminte,
   Ie beniray le iour
   Que le ius de la pinte
   A noyé mon amour.

I'ay l'vsage de ma raison,
Ie me ris de toutes ces belles
Et ie tiens l'amour par les aisles
Pour le plumer comme vn oison.
   Adieu donc belle Aminte, etc.

Ie veux faire de son bandeau
Vn torchon pour frotter mes bottes,
Ie veux qu'il en oste les crottes,
Ou ie l'escorche comme vn veau.
   Adieu donc belle Aminte,
   Ie beniray le iour, etc.

I'en ay brisé l'arc et les traits
Qui dans mon cœur faisoient des bresches,
Et puis, si i'en ay pris les fleches
C'est pour en faire des faucets.
   Adieu donc belle Aminte,
   Ie beniray le iour, etc.

Amy que ie m'estime heureux
De n'estre plus en seruitude.
Ie n'ay plus cette inquietude
Que i'avois estant amoureux.
   Adieu donc belle Aminte,
   Ie beniray le iour
   Que le ius de la pinte
   A noyé mon amour.

CHANSON BACHIQVE.

Helas ie me ry
De ces humeurs mortes
Qui ne boira point
Le diable l'emporte :
Branslons le menton
Branslons la machoire,
Ha qu'il fait bon boire
Quand on a du bon.

Ie ne trouue rien
De si delectable
Que d'auoir du vin
Pour goinfrer à table :
Branslons le menton
Branslons la machoire,
Ha qu'il fait bon boire
Quand on a du bon.

Ça ça beuuons tous
Viue la goinfrerie
Resiouïssons-nous
Sans ceremonie :
Branslons le menton
Branslons la machoire,
Ha qu'il fait bon boire
Quand on a du bon.

Sus mes compagnons,
Beuuons la pareille
De ce bon nectar
Qui tant nous eueille,

Branslons le menton,
Branslons la machoire,
Ha qu'il fait bon boire
Quand on a du bon.

CHANSON BACHIQVE

SVR VN AIR NOVVEAV.

O puissance diuine
Qui gouuerne nos iours
Conseruez nous tousiours
La caue et la cuisine.
 Trouuons nous demain
 Le verre à la main.

Le plaisant exercice
Que celuy de Bachus
En goutans bien ce ius,
Voicy mille delices.
 Trouuons nous tous demain
 Le verre dans la main.

Mars est vn sanguinaire,
Remply de cruauté,
Bachus est debonnaire
Et plein de dignité.
 Trouuons nous demain
 Le verre à la main.

Ne parlons plus de guerre,
Ça trouble le festin,
Deuisons du destin
Qui conduit nostre verre,

Trouuons nous tous demain
Le verre dans la main.

Soyons longtemps à table,
Goustons bien ce morceau,
Peignons nostre museau
De ce ius delectable !
Trouuons nous tous demain
Le verre dans la main.

CHANSON FACECIEVSE.

I'ay vu gros gras vilain chapeau,
Ie le hay parce qu'il boit l'eau,
  Ie n'ay point d'argent
  Compere ie le vend
    Mais c'est pour boire
    Mais c'est pour boire
    Cinq ou six coups,
    Cinq ou six coups
    A nostre gloire.

La tisane est pour les malsains,
  Et l'eau pour lauer les mains.
    Le cidre aux Normans,
  La biere pour les Flamans,
    Laissons les boire,
    Laissons les boire
    Cinq ou six coups,
    Cinq ou six coups
    A nostre gloire.

Les François mangent des chappons
  Les Espagnols des oignons

Des raues et des choux,
Pour moy i'ay cinq ou six sous
　Mais c'est pour boire,
　Mais c'est pour boire.
　Verse du vin,
　Verse du vin,
　A nostre gloire.

Sus amis ne nous enquestons
Beuuons du vin de Bourguignon,
　Viue le Flamant,
　Le Suisse, aussi l'Allemant,
　Ils ayment à boire,
　Ils ayment à boire
　Du meilleur vin,
　Du meilleur vin
　Qui soit sur terre.

Compere voila de ce vin
Qui nous rend l'esprit si diuin,
　Robin qu'en dis-tu,
　Te voila tout abbattu,
　Prend la bouteille,
　Prend la bouteille,
　Verse du vin,
　Verse du vin,
　A la pareille.

CHANSON BOVFONE A BOIRE.

Philis vous vous plaignez en vain
Toutes les fois que ie vous baise,
Philis vous vous plaignez en vain

Toutes les fois que ie vous baise.
Que i'ay l'haleine trop mauuaise.
Et qu'elle put tousiours le vin.
Si l'amour entre en ma ceruelle,
C'est lorsque i'ai beu comme vn trou.
Et lorsque ie vous trouue belle,
C'est quand ie suis à demy sou.

Si le vin vous fait mal au cœur,
Il est bon pour quelque chose
Puisque sa chaleur me dispose
A vous fournir d'autre liqueur.
Si l'amour entre, etc.

Enfin d'vn accord mutuel
Bachus excite la luxure,
Mais ie cabaret par nature
Precede tousiours le bordel.
Si l'amour entre en ma ceruelle
C'est lorsque i'ay beu comme vn trou,
Et lorsque ie vous trouve belle
C'est quand ie suis à demy sou.

CHANSON NOVVELLE ET PLAISANTE

POVR DANSER.

Robin est d'humeur gentille
  Il a bon esprit
  Il chante ou il rit
Quand il est pres d'vne fille,
Et sans estre au mois de may
Robin veut planter le may.

Il sçait la caiolerie
   Et son compliment,
   Quelquefois il ment,
Mais ce n'est que drolerie,
Car sans estre au mois de may
Robin a planté le may.

D'vne plus laide que belle
   Il louë les yeux.
   Et iure les dieux
Qui brusle d'amour pour elle.
Et sans estre au mois de may
Robin veut planter son may.

Soit maistresse ou bien seruante,
   Il n'importe pas
   Il met tout à bas,
De la moindre il se contente
Et sans estre au mois de may
Robin veut planter le may.

Trouuant vn iour Guillemette
   Gardans ses moutons,
   Il prit ses tetons,
Et la coucha sur l'herbette,
Et sans estre au mois de may
Robin luy planta le may.

CHANSON A DANSER.

Toy qui ayme en tant de lieux.
Toy qui ayme en tant de lieux
Tu portes dedans tes yeux

De si viues atteintes,
Non, tu n'en as point d'amour
Tu n'en as que des feintes.

Ceux qui louoient ta beauté,
Ceux qui louoient ta beauté,
Donnent à ma grauité
De si rudes atteintes,
Non tu n'en as point d'amour
Tu n'en as que des feintes.

Ie me console aisement
Ie me console aisement
Car vn iour asseurement
Tu feras mes plaintes,
Tu diras à ton amant
Qu'il n'en a que des feintes.

CHANSON BACHIQUE

DES VICTOIRES DE BACHVS SVR LES
PVISSANCES DE L'AMOVR.

SVR LE CHANT :

Philis, vous vous plaignez en vain.

Marc Antoine roy des Romains
Qui ne demandoit qu'à combattre,
S'il n'eust point aymé Cleopatre,
Il eust vaincu tous les humains.
Quittons quittons ce Dieu volage,
Il vaut bien mieux boire à longs traits
Que de viure dans l'esclavage
Sous la puissance de ses traits.

Cupidon ne peut chez Bachus
Trouuer vn lieu qui soit propice,
Parmy les beuueurs c'est vn vice
De s'adonner trop à Vénus.
Quittons, quittons ce Dieu volage.
Il vaut bien mieux boire à longs traits
Que de viure dans l'esclavage, etc.

Vn amoureux mort et trancy
N'a iamais tant de bonne grace.
Que moy qui boit à pleine tasse
Sans auoir de l'amour soucy
Quittons, quittons ce Dieu volage, etc.

Pour auoir mesprisé le vin
Salomon perdit sa sagesse,
Pour accorder trop sa maistresse
Fut frustré du nom de Diuin.
Quittons, quittons, etc.

Fuyons les beautez de l'amour,
Beuuons du vin quoy qu'il en couste
Puisque Cupidon ne voit goutte,
Il nous pourroit priuer du iour.
Quittons, quittons ce Dieu volage.
Il vaut bien mieux boire à longs traits
Que de viure dans l'esclauage
Sous la puissance de ses traits.

AIR DE COVR BACHIQVE ET AMOVREUX.

Bachus et l'Amour volage
Logeans en mesme voyage

Tiroient tous les passans à eux,
Comme fripiers l'vn apres l'autre,
Ils s'escrioient d'vn ton ioyeux
Messieurs voulez vous rien du nostre.

Amour auoit pour estalage
Deux gros tetons, vn beau visage,
Bachus du blanc et du clairet,
Et moy surpris de ces deux choses
Prefere Amour au cabaret,
Et prend Venus au teint de roses.

Entré que ie fus dans la chambre,
Vne dondon qui sentoit l'ambre
M'embrasse et me saute au collet.
Et moy ie ne m'en puis deffendre
Car son sein plus blanc que du laict
M'embraze et me met tout en cendre.

DIALOGVE D'VN GENTIL-HOMME

ET D'VNE HARANGÈRE.

LE GENTIL-HOMME.

Chere Philis, ie meurs pour tes yeux,
Ton teint de lys m'a rendu amoureux.

LA HARANGERE.

L'amoureux de neige,
Il a froid ce cheual icy,
Le faut mettre au maneige.
Allons grand chien de frippon,
Allons tournez vos talons.

LE GENTIL-HOMME.

Faut donc qu'en vous aymant,
Ie souffre tant de tourment.

LA HARANGERE.

Allez diable que vous estes
Pour tenir vos beaux propos
Ailleurs pour conter vos sornettes,
Allons tournez moy le dos,
Allons tournez moy le dos.

LE GENTIL-HOMME.

Est-ce ainsi qu'il faut guerir
Tous ceux que tu fais mourir.

LA HARANGERE.

Vous en auez menty peste :
Voyez ce diable d'impudent.
Mes voisins ie vous atteste,
Si i'ay aucun ferrement.

LE GENTIL-HOMME.

Adieu cruelle, desormais
Ie te laisse mon cœur
Pour tout iamais.

LA HARANGERE.

Tirez vos guenilles
Et allez grand diable de laquay,
La peste soit le drille :
Et allons grand chien de frippon,
Et allons tournez vos talons.

LE GENTIL-HOMME.

Maugré bleu de la putain,
Ie te frotteray bien demain.

LA HARANGERE.

Quoy frippon tu me menasse,

Chien, voleur de maquereau,
Ie m'en vais finir ma farce
Mais ce sera sur ton museau,
Mais ce sera sur ton museau.

CHANSON GAILLARDE.

L'autre iour dedans nos hayes
En denichant des moineaux
Heu, i'eu bien vne autre baye.
Quand au lieu de ces oyseaux
I'auisay Iean dans vn coin
Qui vouloit baiser la dame Guillemette
I'auisay Jean dans vn coin
Qui la vouloit ietter sur le foin.

Alors voyant l'affronterie
De ce grand traîne-malheur,
Et croyant que sans feintise
Il rauissoit son honneur,
Ie me bouty à crier
Arrestez vous Iean, laissez la Guillemette
Mais sa mere en l'appellant
Rusée vous auez fait vn enfant.

La fille plus resoluë
S'ecrie à ce mot nouueau.
Vous voila bien courbattuë,
Vaut mieux vn enfant qu'vn veau,
Voila bien de la façon
Pour auoir veu Iean auec Guillemette
Voila bien de la façon
Voila bien de la façon
Pour auoir baisé vn garçon.

La mere tout en colere
Prit Guillemette au collet.
Quoy race de vitupere,
Ie te couperay le chifflet :
Gros Iean se mit à crier,
Oh ! ne la battez plus, laissez la Guillemette
Gros Iean se mit à crier,
Et bien nous l'allons donc espouser.

Qu'a fait la chansonnette
C'est la fille à des Cluseaux
Qui regardoit la chosette
En denichant des moineaux.
Elle eust voulu qu'à l'instant
On luy en eust autant fait qu'à Guillemette,
Elle eust voulu qu'à l'instant
On luy en eust fourré autant.

AIR NOVVEAV DU SAVOYARD.

Ie suis l'illustre Sauoyard,
Des chantres le grand capitaine,
Ie ne meine pas mon soldat,
Mais c'est mon soldat qui me meine.
Accourez filles et garçons
Escoutez bien nostre musique,
L'esprit le plus melancolique
Se rejouyt à mes chansons.

Ie suis l'Orphée du Pont-Neuf,
Voicy les bestes que i'attire,
Vous y voyez l'asne et le bœuf
Et la nymphe auec le satyre.
Accourez filles et garçons, etc.

I'ay chanté Bachus et l'Amour
Car ie voy que chacun les ayme,
Maintenant ie veux à mon tour,
Deuant vous me chanter moy-mesme.
Accourez filles et garçons,
Escoutez bien nostre musique, etc.

I'ay signalé tous les lauriers
De nos vaillans foudres de guerre,
Comme de ceux qui les premiers
Et derniers combattent au verre.
Accourez filles et garçons,
Escoutez bien nostre musique, etc.

Moy mesme i'ay tant combattu
Dans le champ de la bonne chere,
Que pour marque de ma vertu,
Mes yeux ont perdu leur lumiere.
Accourez filles et garçons,
Escoutez bien nostre musique, etc.

Mais ce vin dont ie suis charmé
Malgré cette offence receuë,
Pour estre tousiours bien aymé,
M'oste le regret de la veuë.
Accourez, filles et garçons,
Escoutez bien nostre musique, etc.

Homere ce chantre diuin,
Comme moy digne de memoire,
Eut tant d'amour pour le bon vin
Qu'il perdit les yeux de trop boire.
Accourez filles et garçons,
Escoutez bien nostre musique, etc.

Les courtisans du grand Henry,
Les enfans de la gibeciere

Me tiennent pour leur fauory
Et m'en font tous le pied derrière.
Accourez filles et garçons,
Escoutez bien nostre musique, etc.

Nos voisins les Operateurs
Disent que dans leurs boëtelettes.
Ils n'ont pour reiouïr leurs cœurs
Rien si bon que mes chansonnettes.
Accourez filles et garçons,
Escoutez bien nostre musique, etc.

Ces menteurs arracheurs de dents
En ma faueur sont véritables
Quand ils disent à tous venants
Que mes chansons sont delectables.
Accourez filles et garçons,
Escoutez bien nostre musique, etc.

L'honneste homme en passant chemin,
Ne croit pas en estre moins sage,
D'ecouter le chant tout diuin
D'vn si rauissant personnage.
Accourez filles et garçons,
Escoutez bien nostre musique, etc.

N'ayez peur chantant deuant vous
Que vostre bourse soit coupée,
Ie ne voy point autour de vous
De noble à la courte espée.
Accourez filles et garçons,
Escoutez bien nostre musique, etc.

Enfin si vous n'estes esmeus,
De mes aymables gentillesses,
Ie voudrois vous voir tous pendus
Au col de vos cheres maistresses,

Accourez filles et garçons,
Venez ouyr nostre musique
Et que chacun de vous se pique
De bien achepter mes chansons.

CHANSON BACHIQVE

DÉDIÉE AVX ENFANS DE LA JVBILATION

SVR LE CHANT :

A présent, ie vous confesse.

Ce grand guerrier Alexandre.
Auant qu'aller aux combats
Son plaisir estoit de prendre
Du vin auec ses soldats,
Leur tenant tousiours ce propos.
Il nous faut tous vuider les pots,
Puis nous reduirons nos ennemis en cendre
Sous les rigueurs d'Atropos.

Les plus beaux esprits du monde.
Sans le vin ne peuuent rien :
Car tout leur espoir y fonde.
Estant leur souuerain bien,
Et le bon pere Anacreon
Alors qu'il faisoit ses leçons
Ayant beu du vin et vuydé la bouteille,
Composoit mille chansons.

Ouide estant dans Rome,
Eust esté mal estimé,
S'il eust beu comme vn autre homme.

DES CHANSONS DV SAVOYARD.

Auguste l'eust plus aymé.
Mais parce qu'il ne beuuoit pas
Qu'vn verre d'eau à son repas,
Il fut exilé et chassé de la ville
Tant qu'il souffrit le trespas.

Ie n'establyꞏ ma fortune
Comme font aucuns guerriers
Sur l'empire de Neptune
Pour acquerir des lauriers.
Ie hay ce rapide element,
Qu'autrefois dans vn moment
A fait submerger et perir tout le monde

Viue le ius du sarment
Eternisons nostre gloire,
Et faisons grauer nos noms
Dans le temple de Memoire.
Vuidons tousiours les flacons
Il nous faut prendre nos esbats,
A rinser les pots et les plats.
Car suiure Bachus et viure sous ses armes
Sont les plus charmans combats.

FIN.

TABLE DES CHANSONS

CONTENVES EN CE LIVRE,

Croyez-vous galands.................. *Page* 3
Vous estes trop belle................... 4
Belles et chastes Muses................. 6
Catin laissa choir..................... 7
A present ie vous confesse.............. 8
Ie suis ialoux........................ 9
Tous les maux compere................. 10
Vous me quittez....................... 12
Quand i'ai ma musette................. 13
ie ne sçay que ie dois faire............. 14
Amis le palais ne tient plus............ 15
Ie n'escoute point ces friuoles.......... 16
Cher amy, c'est assez chanté........... 17
Ne veux-tu pas arrester................ 18
Faut-il que sans cesse................. 19
Bannissons ces fous................... 20
Censeurs de mode..................... 21
Houspillons des modes................. 22
Amour est à la tauerne................ 24
Vos mouches et vostre................. 25
L'automne est belle................... 26
Quand iadis.......................... 27
Remply d'estonnement................. 28
C'est pour vne ingrate................. 29
M'entendez-vous pas................... 30

TABLE.

Ie vous le disois bien............ Page	31
En reuenant de la tauerne............	32
Enfin Philis tous vos appas...........	33
Vante qui voudra................	34
Ma tante et mon frere Iean..........	36
Si tost que Calinet...............	37
Iean faisoit sauter...............	38
Babel que ie te trouue.............	39
Dans le concombre...............	40
A peine voit-on personne...........	41
Muses i'abandonne...............	43
Ça mon cousin..................	43
Ça beuuons c'est assez chanté........	45
Nouueau Germanicus..............	45
Me promenant vn iour.............	47
Toinon la belle iardiniere...........	48
Tu vois chere maistresse............	49
A la nopce de Ieanne..............	50
Alexandre ce guerrier.............	52
Trinque, trinque................	54
Ie bois toutes les nuicts............	55
Ie suis voste beauté..............	56
Ie suis l'agreable................	57
Dans cette authentique............	58
Amy mon dessein................	59
Meschant Colin.................	60
On tient que vous...............	61
Obiect diuin de mes..............	62
Embarquons-nous...............	64
Si vous voulez..................	65
Lorsque ie porte................	66
Quand vn homme de bien..........	67
Viuent les enfans gaillards..........	68
Imbecilles amants...............	69
Sainct Roch est ma seule...........	70
Sus que chacun s'eveille............	71
A toy gros boursoufflé............	72
Rien n'est plus beau..............	73
Philis que t'ay-ie fait..............	74
Amis c'est à present..............	75
C'est trop bransler...............	76
Mon petit camarade..............	78
Qui ne boit pas.................	79
Celuy qui mesprise...............	80
Catin dit qu'en tous..............	82

Qu'elle est bonne mesnagere............ *Page*	83
Gallas il n'est plus a propos............	84
I'ayme bien, mais pour...............	85
Laquais verse du vin................	86
Pour paroistre Cesars...............	88
Courons, courons, courons............	89
Cruel tyran de mes desirs.............	90
Lysis ce parfait amant...............	91
Beaux yeux miracle.................	92
Philis vous me voyez................	93
A vous parler de Graueline............	94
Alison, cher Alison.................	96
Ne vous estonnez pas................	97
Amy, ce bufet m'importune............	98
Ie suis ce fameux sauoyard............	99
I'ay pris de moy-mesme..............	100
Helas! ie me ry...................	102
O puissance diuine.................	103
I'ay vn gros gras..................	104
Philis, vous vous plaignez............	105
Robin est d'humeur gentille...........	106
Toy qui ayme en tant................	107
Marc Antoine....................	108
Bachus et l'Amour.................	109
Chere Philis.....................	110
L'autre iour dans..................	112
Ie suis l'illustre sauoyard.............	113
Ce grand guerrier.................	116

PARIS. — IMP. SIMON RAÇON ET COMP., RUE D'ERFURTH, 1.

www.ingramcontent.com/pod-product-compliance
Lightning Source LLC
Chambersburg PA
CBHW060152100426
42744CB00007B/1000